TARA STILES

El libro de
cocina de la
NO-dieta

La información contenida en este libro se basa en las investigaciones y experiencias personales y profesionales del autor y no debe utilizarse como sustituto de una consulta médica. Cualquier intento de diagnóstico o tratamiento deberá realizarse bajo la dirección de un profesional de la salud.

La editorial no aboga por el uso de ningún protocolo de salud en particular, pero cree que la información contenida en este libro debe estar a disposición del público. La editorial y el autor no se hacen responsables de cualquier reacción adversa o consecuencia producidas como resultado de la puesta en práctica de las sugerencias, fórmulas o procedimientos expuestos en este libro. En caso de que el lector tenga alguna pregunta relacionada con la idoneidad de alguno de los procedimientos o tratamientos mencionados, tanto el autor como la editorial recomiendan encarecidamente consultar con un profesional de la salud.

Diseño del libro
Charles McStravick

© de las fotografías
Las fotos de las páginas 2, portada, 10, 13, 14, 16, 32, 58, 255 y 258 de Winnie Au,
www.winniewow.com.
La fotos de las páginas 56, 62, 66, 70, 76, 82, 86, 92, 100, 102, 104, 106, 108, 114, 120, 125,
130, 138, 140, 145, 152, 154, 158, 165, 168, 170, 172, 176, 178, 182, 186, 192, 196, 208, 212,
214, 218, 223, 227, 230 y 234 de Andrew Scrivani.
Las imágenes en las páginas 31, 35, 41, 64, 65, 74, 112, 118, 128, 134, 150, 156, 160, 162, 166,
190, 206, 210, 224, 233, 242 y 248 utilizadas con permiso de Shutterstock.com.
La imagen de la página 78 es cortesía de Thinkstock.
Todas las demás fotografías son cortesía de Tara Stiles.

Título original: Make Your Own Rules Cookbook
Traducido del inglés por Pedro Ruíz de Luna González

© de la edición original
2015, Tara Stiles

Publicado inicialmente en 2015 por Hay House Inc., USA.
Puedes sintonizar las emisiones radiofónicas de Hay House en www.hayhouseradio.com

© de la presente edición
EDITORIAL SIRIO, S.A.

EDITORIAL SIRIO, S.A.
C/ Rosa de los Vientos, 64
Pol. Ind. El Viso
29006-Málaga
España

NIRVANA LIBROS S.A. DE C.V.
Camino a Minas, 501
Bodega nº 8,
Col. Lomas de Becerra
Del.: Alvaro Obregón
México D.F., 01280

DISTRIBUCIONES DEL FUTURO
Paseo Colón 221, piso 6
C1063ACC
Buenos Aires
(Argentina)

www.editorialsirio.com
sirio@editorialsirio.com

I.S.B.N.: 978-84-16579-31-0
Depósito Legal: MA-663-2016

Impreso en Imagraf Impresores, S. A. c/ Nabucco, 14 D - Pol. Alameda - 29006 - Málaga

Impreso en España

Puedes seguirnos en Facebook, Twitter,
YouTube e Instagram.

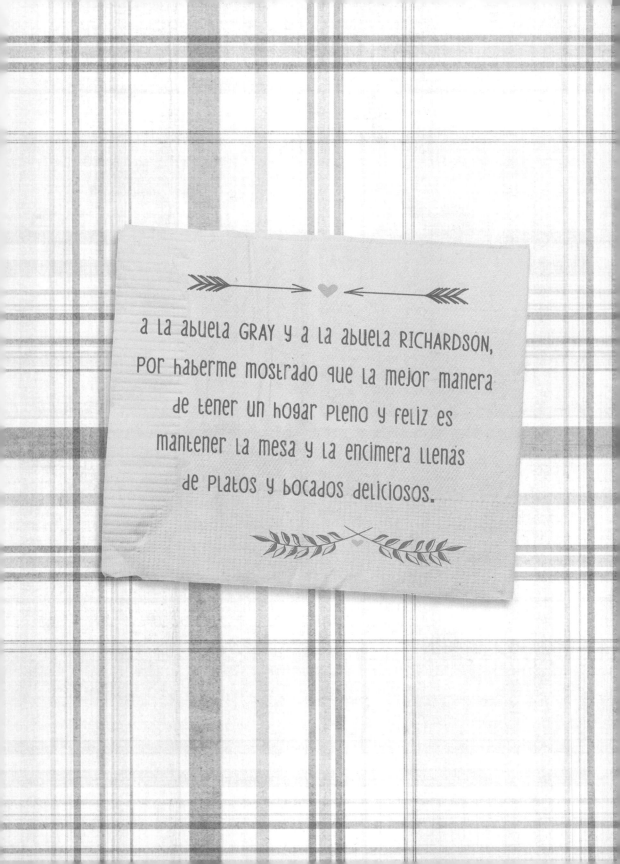

a la abuela GRAY y a la abuela RICHARDSON,
por haberme mostrado que la mejor manera
de tener un hogar pleno y feliz es
mantener la mesa y la encimera llenas
de platos y bocados deliciosos.

Prólogo
de Kris Carr

¡Hola, preciosidad!

Cuánto me alegra que estés aquí. Estás a punto de embarcarte en una aventura fabulosa hacia la salud y la felicidad... ¡por medio de la cocina! *El libro de cocina de la no-dieta* es tu pasaporte hacia platos deliciosos, que seguramente atraerán a todos los miembros de tu familia.

Mi amiga Tara viaja por todo el mundo comunicando su luz solar y su chispeante aura yóguica a toda persona que se encuentra. Estoy muy mentalizado con su última misión:

atraerte a la cocina por medio de comidas sencillas y deliciosas que te inspirarán a que sigas tu intuición, a que explores tu creatividad y a que nutras tu maravilloso cuerpo.

Un aspecto importante de nuestra salud y bienestar es nuestra comunidad, la gente que tenemos a nuestro alrededor. Compartir comidas e intercambiar recetas con aquellos que más amamos es una tradición antiquísima que nos mantiene sanos y felices, al tiempo que festeja los dones especiales que todos tenemos para ofrecer. Teniendo esto presente, *El libro de cocina de la no-dieta* incluye de más de cien recetas basadas en plantas, recetas que provienen de amigos, miembros de la familia, chefs, maestros de yoga y otros extraordinarios guerreros del bienestar de todo el mundo. Tara mezcla sus sustanciosos platos inspirados en el Medio Oeste con manjares más exóticos de Malasia, Japón, Rusia, Tailandia, Cuba y muchos más. ¡Tara te trae el mundo!

En *El libro de cocina de la no-dieta*, nos muestra que preparar alimentos sanos y deliciosos puede ser algo fácil y divertido. Desde el incitante giro que les da a los zumos y a los batidos verdes, a las hamburguesas vegetales, a la ensalada de col rizada y la sopa de miso, hasta sus refinados y sencillísimos Pad Thai, las tortitas de plátano con mantequilla de almendras, o su pastel pegajoso de fresas te mantendrán satisfecho y repleto de energía de arriba abajo. Tara te lleva de la mano al emocionante reino de

la cocina internacional y doméstica, y te anima a que crees la tuya propia, a que improvises y experimentes. Crea tus propias normas, ¡en la cocina!

Estoy muy orgulloso de la trayectoria de Tara, desde su carrera como modelo hasta la de fiable líder del bienestar, pasando por la de instructora de yoga. Ha motivado a millones de personas a unirse para compartir la gran pasión de sentirse resplandeciente por dentro y por fuera, y no solo vivir, sino *prosperar*. De alguna manera, todos hemos experimentado períodos en los que no nos sentíamos bien, ya fuera por lo que comíamos o por cómo nos tratábamos a nosotros mismos; pero cuantos más nos apresuremos a preparar ciertas «extrañas» y saludables comidas para nosotros y para aquellos que amamos, ¡tanto más fantásticos estaremos nosotros y todos los que nos rodean! ¿No es asombroso?

¿Estáis listos? Como Tara nos recuerda, «si sabes comer, ¡sabes cocinar!», así que arremangaos, acercad una silla, ¡y preparaos para disfrutar cada bocado hasta el final!

KRIS CARR,
escritor superventas en la lista del *New York Times*
por su libro *Crazy Sexy Kitchen*

Introducción

¿Conoces el viejo dicho, «si sabes comer, sabes cocinar»? Yo creo en él de veras. Como creo también que si sabes imaginar, sabes crear. De eso se trata cuando hablo de crear tus propias normas en la cocina, y de eso trata este libro. Trata sobre ti; sobre los alimentos que comes. Trata de lo que eliges introducir en tu cuerpo en un día cualquiera. Trata de lo fácil que es desarrollar una vida en la cocina sin que te consuma la vida para otras cosas. También trata de diversión. Sí, sí, eso es: diversión. De manera que la única

pregunta es: si no estás en la cocina, ¿qué te mantiene fuera de ella? Oigo a tantos que dicen que están demasiado ocupados, o confundidos, o que no tienen habilidades, o que sencillamente no se sienten inspirados...; sea cual sea tu motivo, he venido a mostrarte que puedes elegir meterte en la cocina en cualquier momento. Y eso es algo maravilloso. Créeme, no tienes por qué tener enormes cantidades de tiempo ni una precisión digna de un chef –ni sus alucinantes habilidades cortando a cuchillo– para preparar alimentos deliciosos. Las recetas que hay en este libro te lo demostrarán.

Mi objetivo es mostrarte que cuando consigas tiempo para la creatividad en la cocina, te sentirás mejor y tendrás mejor aspecto, más paz y una mayor concentración en la vida. Fundamentalmente, te volverás más eficaz y estupendo, y crearás un lugar para ti mismo en el que te sentirás cómodo y emocionado por todo lo que experimentes.

Una vez que empieces a cocinar, tu potencial creativo se disparará. Así que, aunque estas recetas son deliciosas y desde luego podrás prepararlas tal como te las presento, espero que te inspiren a salirte de ellas y que les pongas tu propio sello. Sinceramente, el ingrediente secreto para crear tus propias normas en la cocina es seguir tu intuición con fe absoluta. Hacer esto te ayudará a conocerte mejor. Averiguarás lo que te gusta y lo que no, y, a su vez, crearás tus propios platos, lo que te hará sentirte fantásticamente por dentro y por fuera. Cuando te sumerjas en ello, la magia surgirá de ti, y no solo en la cocina.

El libro de cocina de la no-dieta es tu guía para explorar el gran festín de la vida. Está repleto de deleites emocionantes, cálidos consuelos y nutrición exótica que excitará todos tus sentidos e inspirará tus deseos más profundos de disfrutar de la maravillosa experiencia de ser tú. En estas páginas encontrarás muchas de mis recetas favoritas: algunas se inspiran en mi niñez, que pasé en una granja en Illinois (Estados Unidos), y otras proceden de mis viajes por todo el mundo. Todas son exquisitas, todas son sencillas y todas son saludables. Espero que te ayuden a sentirte maravillosamente.

¡Te doy la bienvenida a este tremendamente generoso bufet! Muy pronto estarás creando tus propios platos magníficos, llenos de amor y

cargados de salsa especial. Y no mucho después empezarás a experimentar la alegría y el entusiasmo de la vida que se crean al estar verdaderamente alimentado. De manera que vamos a intercambiar algunas recetas, a descubrir ingredientes nuevos, a mezclar culturas insospechadas y a pasarnos incontables horas en una exploración creativa. ¡Es hora de comer!

PRIMERA
PARTE

Prepárate

CAPÍTULO 1

Mis normas de alimentación

Si me conoces a mí o al Strala Yoga, no te sorprenderá mi especial norma para alimentarse: come lo que te haga sentir estupendamente. Tristemente, eso es algo que muchos de nosotros no hacemos. Nos vemos atrapados con frecuencia en normas y restricciones. El alimento se convierte en el enemigo, muy estrictamente lo etiquetamos como bueno o malo. Nos juzgamos a nosotros mismos por lo que comemos. En ese mcmento, la experiencia de comer puede convertirse en algo terrible, como si fuera una trampa que nos hayamos puesto a nosotros mismos. El cómputo de calorías de más o de menos pueden llegar a ser una pesadilla. La relación que tenemos con lo que comemos, con cuánto comemos y con cómo nos sentimos con todo ello es tensa, estresante y llena de miedos. Si no conocemos nada mejor, creemos que vivir entre restricciones es la mejor manera de hacerlo.

Afortunadamente, existe una alternativa a esta programación del miedo tan de moda: sentirse bien y tener un gran aspecto pueden darse en armonía. La experiencia que tenemos con la comida puede ser alegre, emocionante y nutritiva. Cuando hacemos ese cambio, se produce una asombrosa transformación: nuestros miedos desaparecen y nuestro cuerpo se vuelve realmente más fuerte y más resplandeciente. Nuestra mente se afina, se aclara y se expande. Y nuestra vida se hace divertida y libre.

Cuando nos damos cuenta de que encarnar lo radiante es en realidad algo fácil y placentero, participar en todo lo relacionado con cuidarnos a nosotros mismos se convierte en una experiencia diaria impresionante. Y eso incluye la comida. Una vez que te alineas con lo que te hace sentirte bien, tienes ansias de ello. Aunque algunas veces todos necesitamos (sí, *necesitamos*) una galleta, por lo general nuestros cuerpos quieren alternativas más saludables. Podrá sonar absurdo, pero es posible dejar de motivarse por cosas que no te sientan bien, como fritos o comida basura o elaborada industrialmente, y mentalizarse sobre las verduras, las frutas, los cereales, las especias y otros alimentos que proporcionen más energía y vitalidad. Cuando te interesas por la cocina porque te vuelves sensible ante lo que te hace sentirte increíblemente bien, restringir ciertos alimentos se convierte en algo absurdo y caduco. Si deseas llevar a cabo una exploración y estás dispuesto a abandonar las normas, estarás abierto a un universo ilimitado de posibilidades.

Esta filosofía alimentaria del «come lo que quieras» no es algo que haya inventado yo o que únicamente haya experimentado por mí misma. Después de haber vivido de esta manera durante un tiempo, la gente empezó a verme diferente. Me hacían la habitual pregunta: «¿Qué dieta sigues?». Y yo les hablaba de mis exploraciones culinarias y de que estas me hacían abrir los ojos ante lo que verdaderamente me hacía sentir bien;

les contaba que comía sencillamente lo que quería –lo que me hacía sentir bien–, y ellos me miraban con caras un poco raras, pero eso no me detuvo. Enseguida empecé a compartir recetas con mis amigos, indicándoles discretamente que les añadieran sus sabores favoritos. Ellos no solo comenzaron a preparar mis recetas, sino que fueron mejorándolas de manera que les funcionasen mejor en sus vidas. Cuando semanas después volvía a verlos, comprobaba, que se sentían estupendamente y tenían mucha energía.

Eso es lo que quiero también para ti. Explora. Come. Presta atención a tu cuerpo. Y, sobre todo, no te sientas culpable; tú solo aprende y cambia en consecuencia. Puedes romper el círculo del atracarse y tener que purgarse, del castigo y la recompensa, de las dietas y los fracasos. Podrás comer todo lo que quieras, pero tendrás que ponerte el sombrero de explorador.

DE LA ENTREGA A DOMICILIO AL HÁGALO USTED MISMO

La primera vez que me instalé a vivir en Nueva York, yo era como muchos otros jóvenes que salían al mundo: siempre en movimiento. Tanto si acudía con prisa a una actuación como si me reunía con amigos o exploraba por la ciudad, el hambre, como sucede habitualmente, se presentaba varias veces al día y lo más fácil era recoger algo de comer por el camino o hacer un pedido a domicilio. La comida se puso a una sola llamada telefónica y se convirtió en un problema de última hora, en lugar del proceso agradable de crear y celebrar.

Desde una perspectiva cultural y de diversidad, los primeros días en la gran ciudad me hicieron sentir en el cielo. Un puesto de falafel de barrio se convirtió en el proveedor de mis comidas caseras. Los establecimientos de tortitas y helados me servían los postres. Descubrí la India en Nueva York por medio de estrafalarios puestos de venta en camionetas. Y, por supuesto, la búsqueda de la mejor porción de pizza neoyorquina tenía que darse varias veces por semana. Comer me salía muy barato y me lo pasaba en grande. Rara vez me gastaba más de 6 dólares por comida –una hazaña impresionante en Nueva York–, pero no estaba consiguiendo mucha nutrición real.

En aquel entonces, dedicar tiempo a cocinar era lo que más lejos estaba de mi mente. Me parecía un desperdicio de tiempo. No veía la utilidad de comprar comestibles, por no decir cacharros de cocina, cuando podía salir simplemente a la calle y encontrar a la vuelta de la esquina algo sabroso y barato. No tenía mucho sentido.

Naturalmente, mis niveles de energía se ajustaban consecuentemente a mis hábitos alimentarios. Me instalé en un ciclo de hambre-saciedad, pico-caída. No prestaba atención alguna a la calidad de lo que comía, simplemente comía para satisfacer el hambre. Eso quería decir que no pensaba mucho en los efectos de lo que consumía. Era joven y estaba sana, y me sentía invencible; pero, en realidad, mi humor cambiaba constantemente. Mi cuerpo se sentía bien, pero no excelente, sin que importase la clase de ejercicio que hiciese. Aunque por entonces no logré establecer la conexión conscientemente, todo ello estaba relacionado con lo que consumía y con cómo lo hacía. Si quería tener energía, ingería algo con cafeína o con azúcar. Si había tenido un día difícil, me hacía con unas patatas fritas y comía hasta reventar. Como es evidente, esa manera de elegir alimentos no es que mejorase exactamente mi humor, pero aún no estaba preparada para dedicarme a descubrir un camino mejor.

Sin embargo, subconscientemente ya me encontraba en un camino diferente. Había estudiado las enseñanzas de Oriente y de las artes clásicas durante mucho tiempo. Y enseguida empecé a sentir el deseo de cambiar. Había una voz que cada día gritaba más alto en mi mente: «¡Cuídate!». Esa palabra seguía resonando en mi cerebro y me sentía extraña por ello, para ser sincera. Era como si mi madre me dijera que durmiera lo suficiente y que me cuidase, pero esta vez venía desde dentro de mí misma. La sabiduría de las madres debe de provenir de una fuente de poder más profunda, más interior. Resulta que esa voz no solo incordia, es que es verdad. De modo que empecé a interiorizar todo lo que había estudiado, junto con mi deseo de cambio. Lo puse todo en una olla grande, lo removí bien y lo dejé que cociese a fuego lento. Sabía que se estaba cocinando algo, pero no tenía ni idea de lo condimentado que resultaría.

ANSIAS DE ESPACIO

Lo que al final me condujo hacia una vida más saludable fue mi deseo de tener espacio. Creo que para muchos de nosotros es un sentimiento conocido, el que experimentamos cuando buscamos un cambio positivo en nuestra vida. Claro está que todos queremos comer mejor, sentirnos mejor y tener más diversión y satisfacción en nuestras vidas, pero, al final, lo que deseamos es espacio. Empezamos a sentirnos acorralados por todo lo que sea mezquino en nuestra vida, de manera que vamos creando un espacio que nos permita efectuar los cambios. Necesitamos un mundo nuevo: un lugar abierto donde podamos pintar el cielo, explorar la selva y nadar en el océano de la forma que mejor nos parezca. Tenemos que crear ese nuevo mundo para poder crearnos de nuevo. Cada poquito que crees te llevará a la posibilidad de más espacio aún, y si sigues construyendo, crearás una vida abierta y en expansión en la que estarás libre para ser lo mejor de ti mismo.

Cuando empecé a desear cada vez más espacio, me di cuenta de que estaba lista para hacer una transición vital. Aunque técnicamente ya había crecido, ahora estaba preparada para crecer hasta mí misma. Comenzó a entusiasmarme la posibilidad de tener más energía en la vida, así que tenía que prepararme.

Comencé por dar prioridad a la creación de más espacio físico y emocional. Conseguí tiempo para frenarme, relajarme, enfocarme y reflexionar. Ciertos días eso se convirtió en sesiones de veinte minutos escribiendo en mi diario; en otros tomó el aspecto de una meditación de quince minutos en casa, practicando yoga o en los que simplemente me permití unos momentos para descansar, relajarme y no hacer nada. Al no llenar cada momento de mi tiempo con mucho trabajo, empecé a crear más espacio para impulsar mi vida hacia un lugar mejor. Eso contribuyó a romper el ciclo de estar cansada, tensa y exhausta. Esos pequeños fragmentos de tiempo para mí permitieron que se abriese mi creatividad y que ascendieran mis niveles de energía, con lo que tenía una nueva sensación de espacio en mi vida. Entonces, de repente, sentí la necesidad de cocinar.

Yo quería explorar, intentar y fracasar (o triunfar) al crear sensaciones alimenticias. Ya no me apetecía elegir entre los platos de un menú, de modo que, armada con un deseo deslumbrante y un poquito de agallas, me encaminé a conseguir mis herramientas. ¡Tienda de alimentación, ahí voy!

Mis primeros viajes al mercado fueron bastante irrisorios y ligeramente embarazosos: no tenía ni idea de qué poner en el carrito de la compra. Mi experiencia en esas tiendas había sido bastante limitada hasta ese momento. El humus y las galletitas saladas y esas bolsas de zanahorias baby son saludables, ¿verdad? Eso, con los cereales, el pan y la mantequilla de cacahuete, eran mis alimentos básicos, con lo que puse mis habilidades culinarias justo a la altura del promedio de cualquier niño de ocho años. Sabía preparar un tazón de cereales con leche y hacerme un tentempié, eso era prácticamente todo.

Pero se trataba de ahora, o nunca. Me zambullí de cabeza y me dirigí primero a la sección más escalofriante del supermercado: los extremos, desde donde todas las verduras frescas me miraban de arriba abajo burlándose de mis habilidades. Grandes tronchos de col rizada, setas a granel y especias exóticas de las que solamente había leído algo en las revistas de alimentación acabaron en mi carrito. Me encantó la sección asiática, con todos aquellos fideos, especias y pastas que me dejaban agradablemente perpleja. Me hice con unos cuantos de cada y decidí que me las apañaría según los utilizara. No tenía plato alguno planeado, solamente reuní un montón de ingredientes de buena calidad y me puse a experimentar como una loca. Creí que nada podría salir mal. En el peor de los casos, prepararía un montón de comidas que quizá no sabrían muy bien, pero que serían realmente saludables.

En casa hice experimentos con las sopas, hirviendo verduras y especias. La mayoría de mis grandes errores fueron unas sopas que o tenían un extraño color o estaban demasiado especiadas. Aun así, me comía todos mis errores por principio. Aquellos ingredientes eran buenos y yo me sentía afortunada por disponer de ellos. Muy pronto, las ensaladas y los bocadillos se volvieron divertidos, fáciles y rápidos de preparar. Hasta me puse un tanto imaginativa al tostar el pan de molde y cortarlo en diagonal. Los pequeños detalles como esos me hacían sentir como una gran cocinera.

Me encantaba experimentar con los aderezos, mezclaba jengibre fresco, limón y especias. Como no quería sacrificar los caprichos, empecé a salir en busca de cargamentos de ingredientes ricos y sabrosos. Conseguí clases diferentes de mostaza, de leche de coco, de mantequilla de almendras y de aceites saludables, en realidad de todo lo que fuera cremoso. Lo mezclaba todo junto y enseguida descubrí no solamente mis ingredientes favoritos, sino también los de mis amigos y de mi familia, que rápidamente se convirtieron en mis valientes catadores.

A través de esta época de experimentación y de juego, fui dándome cuenta de la importancia que tiene todo el proceso, no tanto el objetivo. Y empecé a ver mi vida como un todo conjuntado. Eso era una manera nueva de considerar la vida y supuso un gran cambio para mí. Había estado viviendo la vida en categorías –trabajo, diversión, bueno, malo, sí, no– y eso me ponía tensa.

Creo que muchos de nosotros lo hacemos así. Contemplamos la vida como un tipo de molienda diaria; vivimos para escapar de ello. Tanto si el escape es una bebida tras el trabajo como si es un fin de semana a lo loco o unas vacaciones excepcionales, comenzamos a separar lo divertido de lo que no lo es, y entonces se entromete en todo ello un hábito de premio y castigo. Comemos bien durante la semana, estamos en nuestro sitio, acudimos al trabajo y, fundamentalmente, no nos divertimos nada. En cuanto llega el fin de semana, nos abandonamos, dejamos que sucedan todo tipo de locuras y vamos fuera de control. Yo vivía escapándome; la mayoría de nosotros lo hemos hecho de una manera u otra.

De modo que empecé a cambiar por necesidad. Estaba harta de sentirme tensa y de mis técnicas de escape –que consistían en olvidarme de todo bebiendo, ingiriendo comida basura y sintiéndome perezosa–, que ya no funcionaban–. Al interesarme en mí misma de nuevo y al emplear tiempo en la cocina hice que arrancase la transición de escapar de mi vida a disfrutar de ella; me proporcionó la energía y la pasión para crear una existencia que me daba fuerzas y me mantenía constantemente inspirada.

 # SOMOS UNO

En mis exploraciones por la cocina, una de las cosas que se han vuelto nítidas como el cristal es que me encanta la variedad, tanto en mis platos como en mis actividades diarias. En la vida que he forjado para mí, la variedad ocupa en centro del escenario. Mi trabajo me lleva a muchos países diferentes y me sitúa frente a muchas personas asombrosamente excepcionales. Hasta cuando estoy en Strala, en Nueva York, durante un tiempo, me resulta increíble conocer a toda la gente interesante y apasionada que entra por la puerta y saber de sus vidas. Me desarrollo muy bien con la energía de la diversidad de culturas y con los antecedentes y las experiencias de estas personas. Y el conocimiento más profundo al que he llegado por medio de esas experiencias es que todos somos lo mismo: todos tenemos el deseo de sentirnos bien, de explorar y de compartir. Todos estamos ligados por el anhelo de sentir pleno nuestro corazón y de ser resplandecientes de cuerpo, amplios de mente y conectados en el alma.

Esta idea ha sido la base y el mantenimiento de mi energía, de mi salud y de mi actitud mientras iba de un lado a otro por el mundo. Me ayuda a sentirme en casa dondequiera que esté. Con esta actitud me siento animada e inspirada a cada momento, en cada lugar, con cada persona y por cada vínculo.

Creo que el deseo de relacionarnos es innato en la mayoría de nosotros. Hemos venido aquí a socializar, a crecer y a ayudar. Hemos venido aquí a reír, a llorar y a asombrarnos. Hemos venido aquí a disfrutar, a deleitarnos, a relajarnos, a inspirarnos y a llegar a ser plenos. Y en un nivel más alto, nos vemos impulsados a hacer lo mejor de nuestro mundo por los lazos que tenemos unos con otros.

Todos nosotros poseemos dones especiales. Cuando estamos bien alimentados y felices, nuestra individualidad tiene un potencial enorme. Y cuando veamos la individualidad en aquellos que se encuentran a nuestro alrededor como un don precioso, nos situaremos en el estado correcto de concienciación integral para vivir algo increíble.

Cualquier cosa que suscite la autoexploración te guiará hacia tu don especial y aportará un equilibrio a tu vida que contribuirá a que veas los dones especiales de los demás. Por eso digo que os volváis locos en la cocina. Ahondad en todo ello: aprended qué os arrebata, aprended qué os enoja, aprended a conectar con vuestro verdadero espíritu.

ECHAR UN VISTAZO ATRÁS PARA IR HACIA DELANTE

Una de las mejores maneras de averiguar lo que quieres –tanto dentro de la cocina como fuera de ella– es echar un vistazo atrás y ver dónde has estado, qué te impresionó, qué te gustaría olvidar y de qué cosas querrías tener más en tu vida. La reflexión es una gran herramienta para el crecimiento. Piensa en ella como si fuera una investigación destinada a encontrar la receta más deliciosa que vas a preparar: tú. Simplemente, no vayas a quedarte demasiado apegado al pasado y te pierdas todo lo que ocurra ahora mismo.

Conforme observo mi propio pasado, veo recuerdos de una infancia despreocupada, en la que me inquietaba más el resultado final de la comida que su elaboración. Cuando era hora de cenar, se abría un abanico nutritivo frente a mí. Yo era un puro nervio, me encantaba salir al exterior, subirme a los árboles, bailar y descubrir el mundo. La comida era el combustible que aparecía en la mesa, entregado oportunamente por mamá, la abuela, las tías y a veces mi padre, cuando mi madre no estaba. Las cenas de papá consistían generalmente en tostadas quemadas, huevos y otros alimentos del desayuno que salían de entre una nube de humo, con el detector de incendios a todo volumen de fondo. En aquellas raras ocasiones de las «Cenas de Papá», mi hermano y yo siempre recurríamos al kétchup. Sobrevivimos bien. Agradecíamos el esfuerzo y el alimento.

Los días en que el hambre me superaba –normalmente cuando caía el sol tras un largo día de estar jugando fuera, o cuando regresaba a casa después de una larga tarde ensayando mis bailes–, sentía la necesidad de situarme físicamente en la cocina, cerca de los alimentos mientras estos se cocinaban, para asegurarme de que la cena iba a llegar pronto. A veces me daban la tarea de desenvainar los guisantes o de limpiar la tierra de las verduras que habían llegado frescas desde el huerto. Pero toda la preparación, la condimentación, las mezclas y los tiempos que mi madre iba disponiendo eran un enigma para mí, más o menos. Yo esperaba muy impacientemente a que todo el despliegue apetitoso estuviese listo. En la cocina siempre olía como si fuese la hora de comer, tanto si lo era como si no. Siempre creí que esa tortura inacabable era alguna clase de «test de agradecimiento a las madres». Funcionó. Sin ti me hubiera muerto de hambre, mamá. Gracias por alimentarme con tu comida y tu amor todos aquellos años.

Cuando estuve en mi propia cocina, creando mi propio despliegue apetitoso, empecé a darme cuenta de que mi vida entera se había concentrado en el vínculo con el yo y en proteger la originalidad. Cuando era joven, eso abarcó muchos aspectos, la mayoría de los cuales no se daban en la cocina. Me encendía cuando veía la injusticia, que evitaba que la gente fuese quien verdaderamente era. Tanto si era ante el acoso escolar como ante la arbitrariedad de una persona con autoridad o la gente que no estaba en posición de ayudarse a sí misma, yo tenía reacciones muy fuertes. Me entrometía y habitualmente hacía algo espectacular, aunque no siempre fuese la mejor acción posible, como apartar a empujones a un abusador escolar, protestar ante un profesor o exigir que todo el mundo entregase el dinero del almuerzo a los niños hambrientos de África. Mis fuertes exigencias eran raramente bienvenidas, pero yo quería que todo el mundo estuviera libre de todo aquello que le retuviera.

Esta actitud me condujo siempre en las profesiones que elegía: cuando tenía cuatro años, quería ser monja y así podría ayudar a la gente; también me gustaba la idea de vivir sin gastos. Luego, a los seis, di un gran giro cuando supe que disponer de recursos te ponía en buena posición para ayudar a los demás, así que cambié mis perspectivas para convertirme en una agente de cambio y bolsa. Está claro que abandoné aquellas ideas.

Cuando me instalé en Nueva York, me gané la vida por medio del baile, ya que me había pasado la juventud estudiándolo e interpretándolo. Me encantaba bailar y hacer sonreír a la gente. El único problema que tenía con este camino profesional era que quería que el público también bailase. El baile me ayudó a encontrarme a mí misma, y aunque hubo muchas personas que me dijeron que ver mis actuaciones les ayudaba a relacionarse con sus emociones, no podía creer que mirar tuviese la misma repercusión que actuar. Yo quería actuar *con*, no *para*, todo el mundo; anhelaba también el vínculo. El baile era divertido y recompensaba, pero no me hacía sentir tan viva como yo quería.

De manera que creé el Strala Yoga, un guiso de todos mis intereses juntos. El objetivo que tiene es el de ayudar a la gente a conectarse y a sentirse estupenda de dentro afuera. Los movimientos se han diseñado para ganar fuerza y poder y para sanar, al tiempo que son divertidos y animados. Se aparta de las normas del yoga tradicional hasta en su más mínimo aspecto, pero está perfectamente alineado con la forma en que vivo. Mientras crecía, supe siempre que las cosas pueden cambiar, que *lo que es* no necesariamente *tiene que ser*. Este principio es lo que me ha guiado siempre en la creación de esta forma no tradicional del yoga.

Tengo el mismo punto de vista con los alimentos y la comida: lo que es no tiene por qué ser. Las normas y las restricciones que se han impuesto en nuestro comer no tienen por qué estar ahí. Esta filosofía va a toda marcha en mi cocina. Yo rompo algunas de las normas habituales sobre la combinación de especias, o de texturas, o de sabores... Y no clasifico los alimentos como buenos o malos. Simplemente algunos me sientan bien *a mí*, o no me sientan bien *a mí*, basándome en cómo me hacen sentir. Verdaderamente creo mis propias normas y, al hacerlo, me ayudo a mí misma a sensibilizarme con la comida. Eso es algo esencial para conectarte con lo que tu cuerpo y tu mente necesitan realmente para estar lo mejor posible.

Elevar a los demás de las injusticias a las que eran sometidos estaba en la raíz de las batallas que luché en mi juventud. Ahora, mi objetivo es ayudarte a eliminar las injusticias a las que te sometes a ti mismo con los alimentos. Lo que comes, cómo lo comes y cómo te sienta todo ello forma una gran parte de tu relación contigo mismo, con los demás y con el mundo.

Nos expresamos por medio de costumbres especiales, de oraciones, de rituales... y de especias. Unas veces lo hacemos bien y experimentamos la belleza que tiene el equilibrio; otras nos quedamos por debajo de nosotros mismos. El trabajo que todos hacemos consiste en desplazarse hacia la armonía y el equilibrio dentro de nosotros mismos. Una vez que encontremos ese equilibrio, podremos animar a otros que se hayan perdido por el camino, podremos ayudarlos a encontrar el camino de vuelta.

Moverse hacia atrás para ir hacia delante es el camino que tiene la naturaleza. Las olas retroceden y avanzan, el sol se pone y se levanta, las flores se cierran y se abren. Todo ello es fluido, circular y maravilloso. Todo ello crea y ocupa espacio. Nuestras vidas son oceánicas, podemos fluir en la dirección de nuestros sueños más locos cuando permitimos que la intuición y la inspiración sean nuestro combustible. Cualquier cosa que nos ayude a regresar a nuestras identidades originales, tanto si es explorar en la cocina como contactar con gente a nuestro alrededor, nos ayuda a convertirnos aún más en lo que realmente somos. Pásatelo bien descubriendo las infinitas formas que existen de expresarse uno mismo, y aprenderás a alimentar no solo tu cuerpo, sino también tu mente, tu alma y tu espíritu. Y entonces te abrirás al crecimiento y a la alegría en cada aspecto de tu vida.

Crear espacio para la meditación

Antes de que te metas en la cocina, vamos a meternos hasta los codos en una pequeña exploración de tu pasado: vamos a echar un vistazo atrás para ir hacia delante. Siéntate de la manera que te sea más cómoda. Cierra los ojos y deja que tu atención se desplace hacia dentro. Observa tus inspiraciones y espiraciones según van sucediendo. Si ves que tu mente se queda perdida, trata de guiar de nuevo tu atención. Haz un suave escáner mental de tu cuerpo desde lo más alto de la cabeza, bajando por el cuello, los hombros, el pecho, el vientre, las caderas, las piernas y los pies. Mueve el cuerpo de la manera que te parezca para acomodarte.

Haz un pequeño viaje mental a tu pasado. Zambúllete suavemente en tus primeros años de vida. Deja que los recuerdos de comidas, de golosinas y de tentempiés entren en tu mente. ¿Cuál era tu comida favorita de niño? Recuerda cómo te deleitabas con esa comida. ¿Qué era lo que la hacía favorita?, ¿tenías que ver en su elaboración?, ¿había algún lugar concreto en el que disfrutabas de ella?, ¿cómo te sentías cuando la disfrutabas?

Deja que ese sentimiento baile por todo tu cuerpo. Deja que ese sentimiento te conforte y te traiga una sonrisa a la cara. Deja que ese sentimiento te apacigüe completamente. Ahora, respira profundamente por la nariz. Absorbe ese sentimiento. Aguanta la respiración un momento. Permite que tu cuerpo se llene y esté completo. Permite que el aire baile por tu interior mientras lo aguantas. Abre la boca y espira. Vuelve a una respiración cómoda durante unos momentos. Cuando estés preparado, abre suavemente los ojos. Espero que te sientas amplio, abierto y preparado para crear.

LA ENERGÍA LO ES TODO

Además de lo que comes, importa cómo te sientas al hacerlo. Importa cómo te sientas cuando lo cocinas, cómo te sientas contigo mismo en ese momento. El cómo te sientas es tu energía, y tu energía es lo que te envía a estrellarte en la oscuridad o lo que te dispara a la vitalidad extrema. Este libro es mi carta de amor a tu energía.

Tu energía tiene la capacidad de ser increíblemente extensa, tremendamente feliz y locamente impresionante. Quiero que la tengas. Quiero tenerla. Cuando se tiene una energía positiva, uno se siente estupendamente y logra grandes cosas. Cuando estás en buena sintonía con tu energía, todo lo que haces, piensas y sientes repercute en el mundo para mejor. Las cosas sencillas, como establecer una conversación amistosa con desconocidos en un tren, o sonreír a la gente que hace cola en algún sitio, tal vez parezcan actos pequeños, pero pueden tener una gran repercusión que forma ondas hacia el mundo. La energía positiva hace que te sientas maravillosamente, de modo que tomas grandes decisiones vitales. Sigues a tu intuición cuando se trata de cambios de profesión, de planificación familiar, de cuidarte a ti mismo y de muchísimo más. En sentido literal, puedes cambiar la experiencia que tengas cambiando tu energía.

El simple acto de adquirir el hábito de preparar las propias comidas, con concienciación y gracia, nos ayuda a cambiar a un marco mágico de cuerpo y mente. Cuando pasamos más tiempo en la cocina, creamos espacio para impresionantes vibraciones en nuestra vida y en el alimento que improvisamos

Importa mucho el contenido de lo que comemos, pero no podemos pasar por alto cómo nos sentimos ni la energía con la que condimentamos nuestras comidas. Simplemente con emplear tiempo a la hora de ponernos manos a la obra en la cocina, nuestra creatividad se abre, la inspiración mana, la gran energía prepara el escenario y logramos una genialidad integral y sanadora. Cocinar se transforma: de ser un acto obligatorio y temido, pasa a convertirse en una actividad que nos alimenta constantemente para una emocionante aventura por la creatividad y la diversión.

Me entusiasma el cambio que daremos cuando comprendamos colectivamente que no es solo lo que ingerimos lo que moldea nuestra salud. Cómo nos sintamos durante nuestras comidas es tan importante como los nutrientes que haya en nuestros platos. Por supuesto, es importante consumir alimentos de buena calidad, ya que lo que comamos y bebamos a diario es un factor importantísimo en nuestro bienestar de conjunto, pero es un error ignorar que nuestra vida emocional es un elemento clave en todo ello. Sigue lo que sientas, y descubrirás una rica capa de bienestar que existe muy por debajo de los nutrientes que haya en tus verduras. Entonces, ¿estás preparado para ponerte manos a la obra y contentar a tu estómago?

CAPÍTULO 2

Sácale partido
a tu cocina

TENGO UNA CONFESIÓN QUE HACER: AUNQUE ESTOY

ahora «metida en la cocina» y sé lo estupenda que es, a veces se ve desplazada por otras tareas. Cuando estoy ocupada (y todos estamos siempre ocupados), cocinar es lo primero que sale por la ventana. Tanto si me es imposible cocinar porque viajo muchísimo, o porque estoy de vuelta de un viaje y no tengo tiempo –o, sencillamente, porque no estoy de humor como para reabastecer la cocina–, mi vínculo directo con la energía fantástica se ha cortado. Durante esos borbotones de actividad me veo a mí misma en la calle, hambrienta y sin un plan, justo lo mismo que cuando llegué la primera vez a Nueva York –los «burritos», la pizza y las sopas y ensaladas para llevar se daban en mi casa más a menudo de lo que debieran–. Me quedo bloqueada cuando no estoy preparada. Cuando todo lo que tengo es una alacena en la que hay un solitario paquete de arroz a medias y unas cuantas especias, no soy realmente capaz de ampliar mi imaginación.

Debido a mi propia tendencia a dejar que disminuya el tiempo que paso en la cocina, eso me ayuda a concienciarme en el hecho de cuidarme. Me recuerda lo importante que es poner por encima de todo al amor por mí misma. Cuanto más pongamos en práctica el cuidarnos a nosotros mismos, tanto más podremos revertir lo que nos haya alejado del equilibrio. Cuando nos cuidamos, dominamos nuestro camino hasta regresar a ese lugar centrado y asombroso. Y eso me es mucho más fácil cuando puedo meterme directamente en la cocina y empiezo a crear.

La verdad es que me encanta pasar tiempo en la cocina. Explorar, crear, probar y compartir los alimentos con amigos y familiares es un acto del que recibo una gran alegría. Intento alimentar este aspecto de mi vida y seguir descubriendo interminables platos llenos de deliciosa felicidad durante mucho tiempo. Pero para hacerlo tengo que asegurarme de que creo el espacio y adquiero los hábitos que lo hacen fácil. Aunque comprar una ración de algo puede ser sencillo, uno no adquiere la misma energía y alegría de ello que de una comida casera hecha con cariño. Así que vamos a despejar el espacio para sacarle partido a nuestra cocina.

PRE-PREPARACIÓN

Antes de ponernos a cocinar, incluso antes de ir de compras, tenemos que hacer algo de limpieza. No te preocupes, no hablo de pasar días y días de ayunos a base de agua con limón hasta caer rendido. Me refiero más bien a la idea de crear espacio mental para nosotros y espacio físico en la cocina para la grandeza. Una mente calmada y una visión clara nos ayudarán a crear la organización que nos encaje mejor, teniendo en cuenta tanto nuestros deseos como nuestras circunstancias reales. A veces la gente cree que no puede empezar a cocinar porque no dispone del equipamiento adecuado y no puede permitirse comprarlo. O porque solamente cuenta con un minúsculo palmo de encimera, así que cualquier trabajo preparatorio será imposible. Sean cuales sean tus pensamientos, no tienes que preocuparte. Cualquiera puede hacerlo, hasta con cuchillos mellados y un lugar de trabajo pequeñísimo. Sí, es verdad que existen cocinas *ideales*, pero la mayoría de nosotros tenemos que lidiar con espacios mucho menos que ideales. Tengo que decirte que es perfectamente factible.

Antes de que empieces a limpiar el espacio en la cocina que tengas, limpia el espacio en tu mente utilizando la técnica «Crear espacio para la meditación» que te muestro a continuación.

Crear espacio para la meditación

Siéntate de la manera que te sea más cómoda. Cierra los ojos y deja que tu atención se desplace hacia dentro. Observa tus inspiraciones y espiraciones según van sucediendo. Si ves que tu mente se queda perdida, trata de guiar de nuevo tu atención. Haz un ligero escáner mental de tu cuerpo desde lo más alto de la cabeza, bajando por el cuello, los hombros, el pecho, el vientre, las caderas, las piernas y los pies. Mueve el cuerpo de la manera que te parezca para acomodarte.

Imagina tu cocina ideal. Imagínate a ti mismo en esa cocina, con mucho espacio mental y físico abierto a la exploración. ¿Qué ingredientes imaginas que hay en tu frigorífico y en las alacenas? ¿Qué se cuece en el horno? ¿Qué frutas y verduras tienes en la encimera? ¿A qué huele la cocina? ¿Cómo te sientes en tu cocina ideal?

Deja que ese sentimiento baile por todo tu cuerpo. Deja que ese sentimiento te conforte y te traiga una sonrisa a la cara. Deja que ese sentimiento te apacigüe completamente. Ahora, respira profundamente por la nariz. Absorbe ese sentimiento. Aguanta la respiración un momento. Permite que tu cuerpo se llene y esté completo. Permite que el aire baile por tu interior mientras lo aguantas. Abre la boca y espira. Vuelve a una respiración cómoda durante unos momentos. Cuando estés preparado, abre suavemente los ojos. Espero que te sientas amplio, abierto y preparado para crear.

CÓMO LIMPIAR TU ESPACIO

Ahora que ya has limpiado cierto espacio en tu mente, es hora de dedicarnos a tu cocina. Si te pareces a mí, hay algunas cosas viviendo en el fondo de tu frigorífico que han estado ahí demasiado tiempo. ¡Demonios, si es posible que ya ni sepas lo que son! O quizá tengas las alacenas de la cocina llenas de quién sabe qué, desde quién sabe cuándo. Todo lo que sabes es que están cubiertos de polvo y que son completamente incomestibles. ¿Qué aspecto tienen los fogones? Los míos se ensucian bastante, sobre todo cuando no se han utilizado durante un tiempo. ¿Y qué hay en el horno, bandejas con migas de galletas? Sí, esa soy yo. Todos somos culpables de abandonar las cosas, así que vamos a centrarnos y a dedicar un poco de tiempo a la limpieza.

El primer paso de una buena limpieza es librarse de todo lo que esté mal. Cuando observes bien la cocina, intenta utilizar una mentalidad de tipo «todo hay que tirarlo» (a menos que sea fresco y vayas a utilizarlo). ¿Te fastidia tirar un tarro de pepinillos que abriste hace ya demasiado tiempo y que tiene solo un par de ellos flotando en solitario?, ¿tienes una caja de cereales a medias que compraste en algún momento el año pasado? Tíralos. Oigo que mucha gente dice: «Pero eso es un desperdicio», y mi respuesta es: «No, no lo es». Si existe alguna posibilidad de que un alimento esté pasado, incluso aunque no tenga moho, deshazte de él. Y utiliza esto como una experiencia de aprendizaje: toma nota del desperdicio y haz votos de no comprar esos alimentos otra vez. Es una buena práctica, te lo prometo. Es mejor deshacerse de eso que guardar lo que nunca vas a usar. Créeme, te sentirás mucho más satisfecho cuando no apiles lo nuevo sobre lo viejo. Además, así sabrás lo que tienes y lo que necesitas realmente.

Una vez que te limpies completamente de alimentos rancios y estropeados, será hora de darle a la bayeta y hacer que brille tu espacio. Sé que no es muy divertido, pero, lo diré de nuevo, te hace sentir bien. Restriega bien esos fogones, limpia a fondo de cosas pegajosas los estantes del frigorífico, pasa un trapo para quitar las manchas del protector de salpicaduras (al fin).

¡Saca los guantes!

He aprendido de la manera más pegajosa que es mejor ponerse guantes que quedarse pegado a la enigmática sustancia viscosa y pasada del frigorífico. Será mucho más probable que te pongas a ello, elimines lo viejo y restriegues la mugre hasta eliminarla si estás adecuadamente protegido.

Cómo hacer verde tu casa

Parte de purgar y limpiar tu cocina pasa por los artículos no alimentarios que tengas, para ver si hay algo que pueda repercutir negativamente en tu salud. Si hay algo tóxico oculto en tus productos de limpieza, o en la batería de cocina, o en cualquier otro artículo doméstico, deberías sacarlo de tu hogar inmediatamente. Creo que la mayoría de lo que tengas deberías mantenerlo; no gastes dinero en comprar cosas nuevas solo por tener cosas nuevas, pero existen algunas ante las que no voy a ceder, porque me preocupo por ti y quiero que tengas una oportunidad justa para estar radiante sin caer enfermo.

Por ejemplo, muchas empresas que fabrican baterías de cocina utilizan el ácido perfluorooctanoico (PFOA, por sus siglas en inglés), un agente para la fabricación del teflón, que hace que los productos sean antiadherentes. Sin embargo, el PFOA se ha relacionado con el cáncer y los defectos de nacimiento en los animales, y con enfermedades de la tiroides en los seres humanos. Asimismo, está en la sangre del noventa y cinco por ciento de los estadounidenses. Afortunadamente, muchas empresas acordaron eliminar esta dañina sustancia química en 2015, pero solamente por medio de un pacto voluntario puesto en práctica por la Oficina de Protección Medioambiental. De manera que deshazte de todos los productos

TIRA ESTO	QUÉ CONTIENE	QUÉ DAÑOS PUEDE HACER	UTILIZA ESTO
Productos de limpieza tóxicos	Amoníaco, hidróxido de sodio (sosa cáustica), hipoclorito de sodio (lejía común)	Desencadenan ataques de asma, provocan daños respiratorios y posiblemente cáncer	Los anticuados y saludables sistemas de jabón y agua, vinagre y agua o productos orgánicos de limpieza sin sustancias químicas. Mira la etiqueta
Cacharros de cocina antiadherentes	Compuestos perfluorados (PFC en inglés)	Ligados al trastorno de déficit de atención y las enfermedades tiroideas. Es un poderoso espermicida que contribuye a la infertilidad	Vidrio, hierro fundido o acero inoxidable
Jabón antibacteriano	Triclosán	Interrumpe la función de la tiroides y de los niveles hormonales	El anticuado y saludable jabón y agua
Alimentos tratados con Roundup	Herbicida Roundup	Afecta a las enzimas defensivas que necesitamos para mantenernos sanos y disminuye la capacidad de las plantas para absorber nutrientes vitales necesarios para la supervivencia	Compra productos ecológicos
Detergentes perfumados	Niveles altos de compuestos volátiles orgánicos (VOC en inglés)	Ligados al asma y al cáncer	Detergentes sin perfume basados en plantas
Recipientes de plástico, utensilios de cocina y alimentos enlatados	Bisfenol A (BPA en inglés)	Ligados a la infertilidad masculina, la diabetes y las enfermedades cardíacas	Hasta los productos marcados como libres de BPA liberan cantidades medibles de sustancias químicas en tus alimentos. Utiliza vidrio, acero inoxidable, bambú o papel en lugar de platos de plástico para las fiestas; compra productos frescos o frutas y verduras congeladas, evita las latas y los recipientes de plástico tanto como puedas

antiadherentes que tengas, a menos que sepas sin duda alguna que no contienen nada de PFOA. Esto es algo sobre lo que insistiré. Yo misma acudiría a tu hogar y lo haría personalmente, si pudiera hacerme cargo de todas las cocinas del mundo por entero. Así de fuerte es lo que siento. Las alternativas más saludables son fáciles de encontrar, y no tienen por qué ser caras.

Lo mismo vale para el resto de los artículos que aparecen en la tabla de la página anterior, que he creado basándome en la información del Grupo de Trabajo Medioambiental. Mira la página web www.ewg.org para saber más sobre el impacto que tienen los productos químicos y las toxinas en tu hogar, además de encontrar consejos para hacer verde tu espacio vital.

Así que, como puedes ver, esto no va de estar de moda, esto va de prevenir problemas serios, como daños respiratorios, enfermedades de la tiroides, infertilidad y cáncer. No te asustes y haz algo hoy para que tu hogar sea verde.

CÓMO DISPONER DE TU ESPACIO

Una vez que tengas todo limpio y verde, será hora de encaminarse a una parte más divertida: disponer tu cocina. Para hacerlo mira todos los cacharros de cocina que tengas. Eso te permitirá organizarlos y averiguar lo que debas comprar. Así que exponlo todo y vamos a empezar a considerar dónde lo situamos.

Cosas que hay que tener y lista de deseos

Como soy de la parte rural del estado de Illinois, me educaron con la idea de que la mejor manera de vivir es cuidar mucho las cosas y utilizarlas hasta que se rompen, y entonces emplearlas para algo distinto. Los granjeros son de los más antiguos partidarios de la filosofía «reduce, reutiliza, recicla». ¿Has visto alguna vez un neumático viejo y roto colocado en un poste como señal de «no entrar»? Perfecto.

Teniendo presentes esas ideas, voy a exponer mi lista de lo que necesitas en la cocina. Probablemente es un poco diferente de la que encontrarás en otros libros, pero te ahorraré tiempo, respetaré tu presupuesto y elevaré tus habilidades culinarias al siguiente nivel con facilidad.

No es necesario que atiborres tu cocina de artículos caros. En su mayor parte, puedes empezar con lo que ya poseas –siempre y cuando tengas lo básico, no necesitarás las mejores versiones de cada cosa–. Después, una vez que hayas funcionado un cierto tiempo, tendrás una idea clara de lo que realmente necesites poner al día, o de lo que te gustaría modernizar. Y en ese momento sabrás también lo maravillosa que puede ser esta manera de vivir, de modo que gastarse el dinero en artículos más caros no sea algo tan penoso. Es fácil caer en la trampa de comprarse los cacharros de cocina más caros antes de meterse a cocinar; pero es mejor primero investigar, ordenar y limpiar lo que tengamos, de forma que podamos empezar donde estemos. Donde tú estás es un sitio estupendo; la hora es siempre ahora y tienes todo lo que necesitas para comenzar a crear.

Estos son los artículos básicos que necesitarás para preparar todas las recetas de este libro:

CUCHILLOS

Vamos a hablar de cuchillos, queridos. Cortar en rodajas o en dados a satisfacción es una parte mayor al meterse en las artes culinarias. Tener las herramientas adecuadas con las que cortar es algo importante, pero mucho más importante es tu seguridad y la de quienes están a tu alrededor. Como soy una chica bastante patosa, esperé mucho tiempo hasta que al fin exploré el universo de los cuchillos de cocina para adultos. Un cuchillo afilado fue una de las últimas compras que hice de útiles para la cocina. Aguardé tanto tiempo por razón, en parte, del miedo que tenía a rebanarme los dedos. Si te pareces a mí, deberías esperar antes de invertir en esta buena pieza de equipamiento. Tus cuchillos de cocina habituales harán un buen trabajo a la hora de cortar las verduras frescas y los ingredientes que más utilices. Y no necesitas tamaños o tipos diferentes de cuchillos en cantidad. Asegúrate de que dispongas de un par de buenos cuchillos, no se necesita nada caprichoso al principio. Lo que tengas por ahí será probablemente lo bastante bueno.

Tú sabrás cuándo estarás preparado para introducirte en el mundo de los cuchillos ultraafilados. Es extraño, pero para mí era una sensación abrumadora. Un día simplemente lo supe, así que me puse a curiosear por ahí y acabé recibiendo una clase privada del experto cuchillero de una tienda. Me mostró cómo cortar zanahorias en rodajas tan finas que parecían de papel de fumar y se deshacían en mi boca como si fueran de mantequilla. Entonces me convencí. Salí de la tienda con un cuchillo afilado, una piedra de afilar y un estuche protector. Sinceramente, no utilizo a diario mi cuchillo afilado. No confío en mí misma si estoy con él en la mano cuando tengo prisa para preparar una ensalada; pero lo uso bastante los fines de semana o de noche, cuando preparo una cena relajante con amigos.

TABLA DE CORTAR

Cuchillos afilados o no, necesitarás una tabla para cortar. Te lo digo otra vez: probablemente funcione la que tú tengas. Si debes comprarte una, te sugiero que sea una que te guste y que sea bastante robusta; pero evita las de vidrio: son un horror para los cuchillos y pueden romperse. ¿Vidrios rotos y cuchillo afilado juntos? No es una combinación muy divertida. Escoge simplemente algo pequeño y sencillo que funcione bien. Asegúrate de que compras una que pueda guardarse fácilmente después de usarla. El objetivo de una tabla de cortar es mantener tu encimera y tu mesa libres de cortes. Hay muchas tablitas de cortar encantadoras por ahí. Es conveniente por muchas razones tener una pequeña, porque es fácil de limpiar y de guardar.

Una buena tabla de cortar puede ser también una excelente inversión que puedes dejar fuera, sobre la encimera. Si te haces con una que tenga un diseño bonito, no querrás ocultarla de la vista. Durante muchísimo tiempo tuve una, endeble y heredada, que probablemente robé del fondo de alguna alacena de mi madre. Me duró una temporada e hizo bien su trabajo, pero después de ponerme firmemente en la creación culinaria, ansiaba algo agradable para la encimera. Las grandes son un fastidio, porque necesitan algo de mantenimiento, pero también tienen un aspecto muy elegante y bonito.

SARTENES Y CACEROLAS

Si fueses a invertir en una o dos cosas nuevas para inspirarte, diría que fuese este tipo de utensilio. Vas a necesitar al menos una cacerola y una sartén, y tener unas de buena calidad puede convertirse en el motivo para que sigas con la cocina. De nuevo, no es necesario comprar unas nuevas, a menos, por supuesto, que tengas las peligrosas antiadherentes de las que he hablado antes. Elige más bien el acero inoxidable, el aluminio anodizado (como las de All-Clad), el hierro colado, el cobre o la cerámica. Todas estas son alternativas seguras. Una de mis posesiones más preciadas es mi sartén gigante de hierro fundido. Es una pieza grande y pesada que tengo asentada sobre los fogones porque me hace sentir segura, protegida e inspirada para encender el fuego y preparar algo exquisito.

BATIDORA

Existen por ahí toda clase de batidoras de todos los precios. Eso puede confundir bastante. Afortunadamente, esta es un área en la que tienes mucho espacio para moverte. Si tienes una batidora vieja guardada al fondo de alguna alacena de la cocina, o en una caja en un armario, este es un gran momento para darle una segunda oportunidad. La mayoría de las batidoras se encargarán de todos los productos básicos que ansías, como los batidos, los aderezos y las sopas. La realidad es que tu vieja batidora pondrá a prueba tu paciencia más que los modelos sofisticados de alta velocidad. Con una barata tendrás que esperar un poco más hasta que las espinacas queden cremosas para ese batido, o hasta que la sopa esté perfectamente hecha puré, pero valora tu vieja máquina: hace bien el trabajo por ti, y las batidoras de gama alta pueden llegar a costar unos setecientos dólares, de modo que no hagas la inversión a menos que te hayas demostrado a ti mismo que la usarás.

Si estás preparado para una modernización, cierto es que una batidora de alta velocidad te cambiará probablemente la vida. Como la entusiasta de la cocina que soy, utilizo la mía todos los días, a menudo más de una vez. Mi cremoso batido alimenticio básico de las mañanas está listo al momento. La sopa de la cena está preparada en un instante. Como algo extra, puedo hacer trucos ostentosos y elaborar platos con los que no puede competir la batidora, trucos como salsas de crema de anacardos y aliños a base de ingredientes muy duros de cortar, como el jengibre. Y, por supuesto, puedo salir con la emocionante estrategia de hacer helado con un plátano congelado. La potencia de los modelos más recientes se mide en caballos de vapor, como los automóviles, y pueden batir prácticamente cualquier cosa en unos tres segundos.

LICUADORA

En la tierra de los zumos hechos en casa este electrodoméstico es muy importante. En la escala del compromiso, yo consideraría tener una licuadora eléctrica varios escalones por detrás de tener una batidora. Exprimir es trabajoso. Hay que preparar todas las verduras frescas. Necesitas mucha más col rizada, espinacas, jengibre, manzana

Cómo elegir una licuadora

En el mercado existen dos tipos principales de licuadoras, y cada uno de ellos tiene sus ventajas. Los dos son buenas alternativas, de modo que solo necesitas elegir la que sea mejor para tu vida.

LICUADORAS CENTRÍFUGAS: este es el tipo más común, el tipo de licuadora en el que uno tiene que ir empujando las frutas y las verduras por la abertura de encima, y luego se envían a una cuchilla de metal que gira a toda velocidad y separa el zumo de la pulpa. El zumo sale de un pequeño dispensador en forma de pico directamente a la taza y la pulpa va directamente a un recipiente separado. Es muy sencilla y fácil de limpiar. Yo siempre recojo la pulpa y la introduzco en la licuadora otra vez para lograr un poco más de zumo. El inconveniente es que el calor generado por las veloces cuchillas destruye algunas de las enzimas de la fruta y la verdura frescas. También oxida los nutrientes, con lo que se rebaja un poco el valor nutricional del zumo. Asimismo, estas máquinas son normalmente bastante ruidosas, lo que es muy divertido para despertar a los vecinos por la mañana. ¡Arriba, es hora de los zumos! Yo tengo una de este tipo; para mí la simplicidad cuenta muchísimo. Además, las licuadoras centrífugas son por lo general menos caras que las otras, de modo que es fácil recomendarlas a los amigos y los familiares sin que piensen que te has vuelto loca.

LICUADORAS MASTICADORAS (LICUADORAS DE PRENSADO EN FRÍO): el prensado en frío es una expresión de moda en los garitos de zumos de la ciudad. Se dice que el zumo elaborado de esta manera contiene más nutrientes y es de mejor calidad que el preparado por otros métodos; y tienen razón quienes lo dicen. Las licuadoras masticadoras funcionan aplastando y luego presionando las frutas y verduras para conseguir el máximo rendimiento. Y como no se calientan como los modelos centrífugos, mantienen más nutrientes y enzimas de los productos frescos. También reducen la oxidación, así que tus zumos se mantendrán frescos un poco más de tiempo, incluso toda la noche. Pero las licuadoras de prensado en frío son un poco más caras y más difíciles de limpiar que las otras. Si de verdad te interesan los zumos, la inversión puede valer la pena, pero es posible que desees esperar hasta ver lo dedicado a los zumos que eres antes de lanzarte a ellas. O quizá podrías contrarrestar tus costes de inicio vendiendo tu combinación favorita en la acera. Quién sabe, podrías acabar siendo el propietario del siguiente gran imperio de los zumos.

y zanahoria de las que puedes meter en el vaso de la batidora. Luego hay que hacer la limpieza de toda la pulpa sobrante, por no decir que la máquina tiene que limpiarse a fondo en todas sus partes después de cada uso. Así que si estás preparando tu batido mañanero de hierba de trigo en la cocina, o picando algo de zanahoria, manzana y jengibre al mediodía, estarás muy avanzado en la búsqueda de la salud. No intento asustar a los curiosos por los zumos. Hacer zumos es muy divertido y tiene montones de beneficios, pero da mucho trabajo. Si eres novato en esto de meterse en la cocina, es posible que quieras empezar con unas cuantas semanas de batidos antes de que vayas corriendo a comprarte tu primera licuadora.

Por supuesto, si estás mentalizado para hacer zumos, te recomiendo que vayas corriendo, no andando, a conseguir tu licuadora. Hacer zumos es el santo grial de la salud. Es algo así como dirigirse directamente a lo bueno, a lo real, al introducirse directamente los nutrientes en el torrente sanguíneo. Solo te aviso de que te entusiasmes y te prepares para la genialidad que experimentarás cuando te hagas un adicto completo a los zumos. Una vez que conozcas y experimentes el poder resplandeciente de los zumos (sobre todo los verdes), el trabajo que supone prepararlos no solo será tolerable, sino que lo disfrutarás.

Por fortuna, las licuadoras han evolucionado mucho y existen modelos nada caros que son relativamente fáciles de limpiar, porque colocan la pulpa limpiamente en una zona especial. Se da la pregunta obvia de qué hacer con toda esa pulpa. Me siento una derrochona tirando a la basura toda esa verdura fresca. En realidad existen varias recetas estupendas por ahí para utilizar la pulpa (míralo en Google), pero también hay otras alternativas más fáciles, como el compostaje, para utilizar los sobrantes.

RECIPIENTES

Una parte necesaria en cualquier organización de cocinas son los recipientes: para los cereales, los fideos, las sobras y cualquier otra cosa que necesites guardar. Lo digo otra vez: vamos a apañarnos con los que ya tengas. ¿Tienes tarros de vidrio de los pepinillos, de foie gras o de mermelada por ahí? Lávalos hasta que brillen y utilízalos. Puedes darle vida nueva a un recipiente llenándolo de lentejas, de pasta, de especias y de muchas cosas más. Además, cuando exhibes lo que tienes en un recipiente de vidrio, podrás verlo, lo que para la mayor parte de la gente significa que te acordarás de usarlo. Así es mucho más fácil que cuando los alimentos se guardan en bolsas y cajas, que se ocultan en la alacena porque no son muy bonitas.

Si decides salir y comprar utensilios nuevos, asegúrate de que eliges materiales que no contengan sustancias químicas dañinas. El vidrio, la cerámica y el acero inoxidable son seguros, pero si tienes que utilizar plásticos, busca que sean los que más libres estén de sustancias químicas. Encontrarás algunos etiquetados como «sin BPA», «no PVC» y «libre de ftalatos», pero eso no quiere decir que sean completamente seguros. Y recuerda, no expongas nunca los recipientes de plástico a altas temperaturas –jamás en el microondas ni en el lavavajillas– y recíclalos cuando sean viejos y estén rayados.

ESTO Y AQUELLO

No voy a hacer una lista con todas y cada una de las piezas de cocina que necesitas –eso podría llenar unos cuantos cuadernos– pero quiero mencionar solo unas cuantas más que son necesarias y que no requieren explicarse mucho. Asegúrate de que tienes:

Tazas para medir: aunque es estupendo disponer de distintas tazas para medir para sólidos y líquidos, solamente necesitas un juego de ellas, a menos que estés horneando algo muy preciso.

Cucharas de medir: puedes hacerte con ellas en prácticamente cualquier tienda que tenga artículos de cocina. Incluso la mayoría de las tiendas de alimentación las tienen.

Pelador: sencillo y barato, puedes encontrarlo en la mayoría de las tiendas que tengan artículos para la cocina. También puedes pelar con un cuchillo, pero el pelador lo hace más fácil.

Abrelatas: eficaz, fácil y barato (puedes ahorrar tiempo y energía abriendo unas cuantas latas).

Cuchara de madera: estas preciosidades son muy útiles para remover alimentos que estén hirviendo, y uno no tiene que preocuparse por las desagradables sustancias químicas que puedan desprenderse de ellas.

Cuchara perforada: un artículo estupendo para sacar un espaguetti de la olla y comprobar si la pasta está ya hecha. No, no es necesaria, pero hace la vida más fácil.

Espátula de metal: ¿cómo vas a sacar esas galletas de la bandeja del horno sin una de ellas?

Bandejas para el horno: comprueba que las tuyas no tengan esas repugnantes sustancias químicas para hacerlas antiadherentes.

Colador: hay disponibles buenos coladores a precios relativamente baratos.

organízate

De acuerdo, ahora que ya tienes todos los utensilios, es hora de colocarlos. Antes de que los metas en los aparadores, agrupa todo lo que vaya junto. Considéralo como una mezcla entre hacer más eficaz tu experiencia en la cocina y crear un diseño. Quieres que tu cocina se vea bien, despejada, organizada y agradable, de manera que estés mentalizado para meterte en ella y crear. Si estuviésemos pintando un cuadro, esto sería la etapa de organizar los pinceles.

Una nota de organización: cuando vayas encajando tu precioso diseño, no te olvides de la eficacia. Si haces pilas muy altas con los bonitos tarros de vidrio, podría ser que no llegases nunca al de abajo, que tiene las lentejas. Haz que acceder a todo lo que necesites sea lo más fácil posible.

Guarda algo de "pasta"

Si no vas con cuidado, abastecer tu cocina puede llegar a ser costoso, de modo que si no tienes cualquiera de los artículos más caros de esta lista (o si te compras uno más moderno y sofisticado), no te olvides de optar por la alternativa de los artículos usados. Sitios como eBay, los anuncios de segunda mano y hasta Amazon, sin olvidar las tiendas económicas y las ventas de ocasión, pueden ayudarte a ahorrar bastante.

HORA DE MERCADO

Ahora viene la parte más divertida: abastecer tu cocina de *alimentos*. Es hora de ponerse la ropa adecuada para el mercado y de salir a llenar esas cestas de cosas apetitosas. He preparado una lista de productos básicos con la que se puede hacer un millón de combinaciones de comidas nutritivas y deliciosas para toda la familia. Casi todas las veces que acudo al súper escojo los mismos artículos, y, por supuesto, siempre exploro unos cuantos nuevos cada vez para ampliar los momentos creativos en la cocina y disfrutarlos. Si alguna vez me encuentras extraviada en la sección de las especias soñando despierta, haz el favor de saludarme y de contarme tus nuevos descubrimientos.

¡Ah!, un pequeño consejo: no vayas al supermercado con hambre. Es difícil resistirse a la multitud de productos empaquetados y se compra de más cuando uno está hambriento y busca comida. Es mejor que hayas comido o te hayas calmado el hambre con un tentempié antes de ir allí. Una tripa contenta y una mente en calma te ayudarán a comprar desde una posición mejor, con lo que te ahorrarás el dinero de las compras excesivas.

PARA LA DESPENSA

Aceite de coco

Aceite de oliva virgen extra

Anacardos, crudos y sin sal

Arroz y lentejas, mezclados

Fideos de arroz

Leche de almendras, sin azúcar

Leche de coco, sin azúcar

Levadura nutricional

Mantequilla de almendras

Mantequilla de cacahuete

Miel cruda

Mostaza de Dijon

Quinoa

Quinoa en pasta

Sirope de arce, puro

Virutas de chocolate negro

VERDURAS FRESCAS

Aguacates

Ajo

Arándanos

Cebollas rojas

Col rizada

Espinacas

Fresas

Jalapeños (pimientos verdes)

Jengibre

Limas

Limones

Manzanas

Pepino

Pimientos morrones

Plátanos

Tomates

EL ESTANTE DE LAS ESPECIAS

Canela

Copos de pimiento rojo

Cúrcuma

Curry en polvo

Pimienta negra fresca

Sal marina

Salsa picante

Ponlo en el calendario

Cuando entro en una cocina desprovista, sé que mi máxima prioridad es ir al supermercado. Si tienes los mismos problemas con eso que yo, un truco que me ha servido de mucho es apuntar «ir al supermercado» en el calendario. Si está en él, es mucho más probable que vaya que mirar si está abierto "cuando tenga tiempo".

Estos alimentos básicos no son muy caros, y confío que te ayuden a liberarte del temible concepto de que para comer bien haya que arruinarse. Eso no es solamente para aquellos que tienen mucha capacidad económica. Y, créeme, una vez que empieces a cocinar utilizarás hasta el último trocito de estos ingredientes. La mayoría de ellos aparecen en muchas de las recetas de este libro, y estoy segura de que cuando te pongas creativo en la cocina, empezarás a inventar tus formas propias de utilizarlos.

Y, sí, sé que a mucha gente estos productos no le parecerán tradicionales, pero te prometo que si les das una oportunidad y me sigues en nuestra aventura, te lo vas a pasar muy bien y te sentirás fantásticamente tanto por dentro como por fuera.

MANTENLO TODO LIMPIO

Una de las preguntas que surgen muchísimo es la de si hay que consumir productos ecológicos para estar sano. Está claro que sería estupendo que todo lo que consumimos sea cien por cien ecológico, pero en definitiva eso no es una realidad para la mayoría de nosotros. Tanto por su coste como por su accesibilidad y disponibilidad, no siempre es posible que todo lo del carrito de la compra provenga de un feliz granjero de la zona. Sin embargo, existen formas de prevenir las enfermedades y de conseguir una salud esplendente sin tener que gastarse mucho dinero.

Como crecí en el Medio Oeste, teníamos muchísimo espacio para un buen huerto y allí recibí la primera clase práctica sobre mantener nuestros alimentos libres de productos químicos. Cultivar las propias verduras es lo más cerca que se puede estar de conseguir productos frescos y ecológicos de la zona, y eso es lo que hicimos.

Los tomatitos cherry recién recolectados de la mata son asombrosos. Yo crecí gustándome más el pimiento verde fresco que el dulce. Nuestra casa y nuestro huerto estaban rodeados de grandes extensiones en las que crecía trigo o maíz, según el año. A veces pasaba volando una avioneta que esparcía pesticidas en los campos de al lado para fumigar los cultivos. Recuerdo que miraba cómo caían las sustancias químicas sobre los campos y sobre nuestro huerto según el viento los arrastraba. Mi madre se ponía tan furiosa que le gritaba a la avioneta. Aunque era muy triste darse cuenta de que se contaminaba hasta el suelo que no habían rociado directamente, me gustaba ver a mi madre chillando. Ella defendía nuestro derecho a cultivar nuestros propios alimentos de calidad.

Lo que cuenta al final es que todos sobrevivimos, probablemente debido a todas las vibraciones positivas que tiene vivir en el campo, pero es muy beneficioso tener la posibilidad de empezar por los alimentos más frescos y más limpios que sea posible. Afortunadamente, el Grupo de Trabajo Medioambiental ha hecho gran parte de los deberes por nosotros. Han elaborado una lista fantástica: «Los doce sucios» –fundamentalmente, los doce alimentos que hay que comprar ecológicos cuando se pueda, porque los convencionales suelen estar saturados de productos químicos–. Lógicamente, la lista contiene las verduras frescas que están más expuestas y que no crecen bajo una cubierta protectora, lo que significa que no las pelamos, nos lo comemos todo. Cuando escojas esos alimentos en el supermercado, en el mercado de tu barrio o en la tienda de alimentación de la esquina, cómpralos ecológicos si te es posible, por favor. Lo digo porque me preocupa. Sé que son más caros, pero tu salud y la de tu familia lo valen de veras. Asimismo, sin tener que obsesionarse demasiado con el lado oscuro de las cosas, de camino ahorrarás en facturas del médico y evitarás la tensión y la pena de la enfermedad. Además, te lo mereces.

LOS doce sucios

Apio	Melocotones	Pimientos morrones
Espinacas	Nectarinas	dulces
Fresas	Patatas	Tomates cherry
Guisantes	Pepinos	Uvas
Manzanas		

Para nuestra educación alimentaria, también figuran en la lista del Grupo de Trabajo Medioambiental los quince limpios. Estos productos son perfectamente comestibles, aunque no sean ecológicos. Ello es debido a que son los que menos residuos de pesticidas almacenan. Por supuesto, es mejor y más seguro si intentas conseguir que la mayoría de tus verduras frescas sean ecológicas, pero estos quince productos, al tener una cubierta protectora, están más libres de las sustancias químicas con que se los rocía. Están dotados de piel o cáscara y son seguros para comer.

LOS quince limpios

Aguacates	Espárragos	Melón
Berenjena	Guisantes congelados	Papaya
Boniatos	Kiwi	Piña
Cebolla	Maíz dulce	Pomelo
Coliflor	Mango	Repollo

Otra de las cosas que recomiendo a menudo a la gente que quiere comer limpio, pero que no tiene reservas ilimitadas, es que tengan un huerto, como hicimos en mi casa cuando yo crecía. Cultivar los propios alimentos es muy gratificante, porque esos alimentos son frecuentemente mucho mejores. Y no se necesita un espacio gigante para hacerlo. Hasta en un piso se puede tener un macetero en la ventana o en la salida de incendios (pero asegúrate de no bloquear la vía de escape).

También puedes unirte a un CSA (agricultura respaldada por la comunidad, por sus siglas en inglés), que proporciona verduras frescas directamente de la granja durante la temporada. Normalmente hay que pagar varios meses antes de recibir las verduras, y no hay garantía alguna de que la cosecha no se vea afectada por la sequía o cualquier otra incidencia meteorológica, pero estos grupos te suministrarán casi siempre tantos alimentos frescos que el coste y los riesgos valen la pena.

Por último, acude al mercado de los granjeros de la zona. La mayoría de los que venden en esos mercados trabajan de forma ecológica, incluso si los alimentos no están certificados como ecológicos (lo mismo ocurre con los CSA). Con frecuencia puedes conseguir buenas gangas en las verduras frescas, además de poder disfrutar de la alegría de saber que tu dinero va directamente a alguien que se preocupa por la tierra y que la cultiva de manera sostenible.

COCINAR EL CARIÑO

En las páginas siguientes tengo algunas recetas deliciosas para ti, pero primero te daré esta para que conectes contigo mismo y regreses a ese lugar en el que te sientes estupendo. Te ayudará a entusiasmarte a la hora de meterte en la cocina, a ser creativo y a sentirte fantásticamente por dentro y por fuera. Repite esta receta dos veces al mes y estarás irradiando genialidad por todas partes.

SALSA DE AMOR

PARA 1 RACIÓN

1 gran manojo de sinceridad
   con uno mismo

2 tazas de cuidarse a sí mismo

1 cucharada de paciencia

3 cucharaditas de atención

1 pellizco de intuición

Remoja la sinceridad en un baño caliente de cuidarse a sí mismo al menos una hora al día. Mezcla removiendo sistemáticamente la paciencia y la atención hasta que la mezcla esté bien hecha. Espera el momento adecuado y añade la intuición, tú sabrás cuándo ocurre. Luego cuécelo todo a fuego lento hasta que te sientas inspirado y fundamentado. ¡Irradia y disfruta!

Y AHORA, ¡VAMOS A METERNOS EN LA COCINA Y PASÁRNOSLO BIEN!

SEGUNDA PARTE

Que empiece lo delicioso

CAPÍTULO 3

BEBIDAS
Combínalas, exprímelas, licúalas

MUCHAS COSAS buenas pueden servirse en un vaso. Tanto si es el consuelo de un té caliente para tonificar y relajar la mente como un zumo repleto de energía para vigorizarte o un rico batido para satisfacer y mantener tus vibraciones, simplemente con el contenido de una bebida tendrás el potencial de brillar. Espero que disfrutes de estas bebidas que ahorran tiempo, crean espacio y caldean el corazón. Se han inspirado en una gran variedad de bellezas y culturas de todo el mundo, a raíz de los recuerdos de mi infancia en una granja agrícola, y pueden prepararse con los artículos comunes de una cocina de ciudad.

ZUMO PARA EL JET LAG

Mi trabajo me lleva por todo el mundo constantemente, esa es la vida que me he creado en realidad. Lo hice con la intención de ver mundo y de relacionarme con mentes y corazones. Junto con el ejercicio y el descanso, una dieta equilibrada me ayuda a mantenerme despejada y comprometida en cualquier huso horario en el que aterrice. Me tropecé con esta bebida un día, cuando regresé a Nueva York después de uno de esos viajes. Era todo lo que quedaba en mi frigorífico que no se había puesto malo. El impulso del jengibre se encarga de toda enfermedad incipiente debida a los viajes en avión, y los verdes mezclados con los cítricos y el plátano me proporcionan energía sostenida, de modo que puedo estar en el presente. Unas cuantas versiones de esta bebida supersencilla se han adoptado por ahí y ahora se sirven en los hoteles W, en gimnasios asociados y en estudios de yoga de todo el mundo. Es muy simple, pero está buenísima.

PARA 2 RACIONES

1 plátano

2 puñados grandes de espinacas

1 taza de leche de almendras

1 taza de zumo de naranja

1,5 cm de jengibre, pelado

El zumo de media lima

Batir.

DISFRUTA

LIMPIEZA DE LOS CHICOS INQUIETOS

NO SOY muy aficionada a las limpiezas superextremas, del tipo que no puedes salir de casa durante días porque solamente se te permite chupar un limón. Estoy segura de que son válidas, pero a menudo he visto que la gente las utiliza como una solución rápida y vuelve a caer en los viejos hábitos bastante aprisa. Esta es una bebida ligeramente limpiadora que puedes preparar una o dos veces por semana y que te mantendrá limpio y brillante como el cristal por dentro y por fuera. Me encanta hacerla cuando vuelvo de un viaje largo. La consumo varios días seguidos, a media mañana o temprano por la tarde, en lugar de la siguiente taza de café que tan desesperadamente me apetece. Me da el empujón que necesito para mantenerme animada y consigue que tenga la mente calmada y clara para concentrarme en lo que necesite conseguir ese día.

PARA 2 RACIONES

4 tronchos de col rizada, sin el tronco

½ pepino

1 manzana verde

El zumo de 1 limón

El zumo de 1 lima

5 cm de jengibre fresco pelado

Licuar.

DISFRUTA

SUEÑOS VERDES

Sueños Verdes se ha transformado en mi bebida favorita. Una creencia errónea muy común al empezar un estilo de vida saludable es la de que para ello se necesita mucho tiempo, dinero y molestias. Esos miedos no tienen ninguna oportunidad frente a Sueños Verdes, que es extraordinariamente sencillo y estupendamente delicioso. Te deja completamente satisfecho y ligero a la vez. Funciona bien en los desayunos, como tentempié o como empujón rápido. La versión «clásica» se ha convertido en un básico, y añadirle ingredientes dependiendo de la zona, de la temporada e incluso del humor es una forma divertida de mantenerte en forma. Sueños Verdes se ha vuelto tan popular entre mis amigos de todo el mundo que varias personas le han añadido sus toques personales. Para tu disfrute, he incluido algunas de mis versiones favoritas, así como la clásica. Espero que te encanten tanto como a mí. ¡Salud!

EL SUEÑO CLÁSICO

PARA 1 RACIÓN

1 plátano dulce
1 puñado de espinacas
1 taza de leche de almendras

Batir.

DISFRUTA

EL SUEÑO DE VERANO

PARA 1 RACIÓN

1 plátano dulce
½ taza de piña troceada
1 puñado de espinacas
1 taza de leche de almendras

Batir.

DISFRUTA

EL SUEÑO DE ÓSCAR

PARA 1 RACIÓN

1 plátano dulce

1 puñado de espinacas

1 taza de leche de almendras

1,5 cm de jengibre fresco en rodajas

Batir.

MADRE MARÍA

De cuando en cuando pido en los aviones zumo de tomate, porque de alguna manera parece que sea lo adecuado que tomar cuando se está a diez mil metros de altura. Cada vez que bebo una de esas bebidas, ligeramente procesada, mi imaginación da vueltas a cómo puedo mejorar este clásico en mi propia cocina. Cierta vez, de regreso a tierra, empecé a experimentar, a echar verduras y especias. Con la ayuda de unos pocos ingredientes sorpresa, di con un básico que me tiene todo el tiempo bebiendo las bondades del tomate.

PARA 1 RACIÓN

3 tomates
2 tronchos de apio
El zumo de 1 lima
El zumo de 1 limón
½ jalapeño
8 golpes de salsa picante
2 cucharaditas de rábano picante
3 cm de jengibre recién cortado
1 cucharadita de sirope de arce
½ cucharadita de sal marina
½ cucharadita de pimienta negra

Batir.
Introducir en el frigorífico hasta que esté frío, unas 2 horas.

DISFRUTA

"AGÍTAME" AL HORARIO DE LAS ISLAS

Esta delicadeza cremosa me fue inspirada por mi amiga Erna Malia, de Malasia. Nos conocimos cuando yo dirigía una clase en un helipuerto. Ella era todo sonrisas y gran energía, y yo quise ser su amiga inmediatamente. Su cabeza y sus brazos estaban completamente cubiertos por observancia a su religión, pero llevaba encima una camiseta sin mangas de mi colaboración con Reebok que decía: «Haz tu propio yoga». Supe enseguida que esa mujer era sensacional, y me emocionaba llegar a conocerla más. Me trajo un libro de cocina que había hecho sobre sus recetas favoritas inspirada por mi blog. Esta de aquí es una de sus favoritas, yo he añadido el sirope de arce. Su receta incluía dos cucharadas de leche condensada y una de crema de chocolate en lugar de la leche de coco. Disfrútala de la manera que más te guste.

PARA 2 RACIONES

1 aguacate maduro deshuesado y cortado en rodajas

½ taza de leche de coco

1 cucharada de cacao sin refinar

1 cucharada de sirope de arce

Batir.

DISFRUTA

¡AY, BAYA!

Este regalo antioxidante es sorprendente. Gracias a mi fiel árbol de lima, que recibí como regalo de mi amiga rusa Marina, tengo un suministro amplio de limas con las que jugar en muchos platos y bebidas. Marina tiene una forma estupenda de cultivar plantas y me ha inspirado a ser más lógica a la hora de recordar que hay muchas cosas que podemos cultivar con solo prestarles un poco de tiempo y de atención. Ella es una genio de los huertos, y mientras me va enseñando unas pocas palabras de ruso cada día, me cuenta lo que era cultivar alimentos en su patio en Rusia cuando era una jovencita. Era una manera práctica y barata de que su familia comiera. ¡Ay, Baya! no es el batido de bayas corriente; está lleno de amor desde Rusia.

PARA 2 RACIONES

1 taza de fresas

1 taza de arándanos

1 taza de zumo de naranja

El zumo de ½ lima

¼ de taza de leche de coco

1 cucharadita de canela (optativo)

Batir.

Espolvorear canela por encima para darle un toque imaginativo.

DISFRUTA

BATIDO DE COCO Y CHOCOLATE

La leche de coco se ha convertido en uno de mis artículos básicos de creación. Hay gente que recurre a las lentejas, a los cereales o a la pasta; yo recurro a la leche de coco. Da igual si la utilizo como base, como aglutinador o como potenciador cremoso, me encantan la versatilidad y el sabor fresco que la leche de coco proporciona a tantos platos.

Cuando pienso en un batido de leche y chocolate, lo primero que me viene a la mente es: «¡Ay!». Tanto si se debe a la congelación cerebral como si es por el dolor de estómago, nos buscamos a veces un montón de molestias por consumir nuestro amigo tradicional, el batido de leche. Esta versión es más amable con el estómago y tiene un sabor increíble y fresco. Espero que te guste tanto como a mí.

PARA 2 RACIONES

1 plátano congelado* o 1 sin congelar y 6 cubitos de hielo

1 ½ taza de leche de coco

30 gr de chocolate negro troceado

1 cucharada de cacao sin refinar

1 cucharada de sirope de arce

Batir.

DISFRUTA

* No te olvides de pelar el plátano antes de congelarlo.

CRUJIENTE Y TORMENTOSO

Cuando era niña, después de un gran recital de baile o de un partido de baloncesto íbamos a tomar helado. Creo que lo que estaba de moda ya entonces ha evolucionado hasta ir a tomar un batido o un zumo saludable. Es mejor para la salud de los niños, quizá, pero salir a tomar helado era muy divertido. En parte reunión social con amigos y en parte golosina deliciosa, he puesto al día mis placeres de helado preferidos en una versión más saludable, que es suave con los niños y los adultos.

PARA 2 RACIONES

1 plátano dulce congelado* o 1 sin congelar y 6 cubitos de hielo

1 taza de leche de coco

1 galleta de chocolate, desmigada

1 cucharada de crema de chocolate (o 15 gr de chocolate negro fundido)

Batir.

DISFRUTA

* No te olvides de pelar el plátano antes de congelarlo.

SALPICÓN DE SANDÍA

Durante mi niñez en Illinois, en los tórridos días del verano nos pasábamos el rato en el jardín, comíamos sandía y nos quedábamos todo pegajosos. Eso funcionaba habitualmente para refrescarnos y era muy divertido. El recuerdo más antiguo que tengo de esta tradición es de cuando tenía unos tres años de edad. Estaba de pie sobre un gran neumático que había en el jardín, disfrutando de mi rodaja de sandía, y me tragué accidentalmente una pepita. Estaba convencida de que en mi tripa iba a crecer una sandía. Le dije aterrorizada a mi madre que tenía que sacármela de allí. Ella me aseguró que solamente crecería una sandía en mi vientre si me comía un montón de tierra y bebía muchísima agua. Eso me confundió un poco, pero al final me tranquilicé. Ahora me siento en mi porche delantero (la salida de incendios) en Nueva York y disfruto de mi salpicón de sandía sin miedos, incluso si me trago alguna pepita de cuando en cuando.

PARA 2 RACIONES

3 tazas de sandía recién cortada

1 taza de zumo de naranja

5 cm de jengibre recién rebanado

½ taza de hojas de menta fresca

Batir.

DISFRUTA

APANGO TANGO

Breve, sencillo y dulce. A veces, cuando hay solo unas pocas piezas de fruta por ahí que no te esperas que puedan ir juntas, algo bueno puede suceder. Es como un choque de culturas en la moda: mezclar rayas con un estampado. Me gustan esa clase de cosas al expresarme con lo que llevo puesto, y a veces también funciona con la comida. Al combinar estupendos alimentos, la peor de las situaciones es que no te guste la combinación, pero los alimentos siguen siendo estupendos para disfrutarlos. Afortunadamente, esta combinación no cayó en eso, salió genial. Espero que disfrutes con ella.

PARA 2 RACIONES

1 manzana

1 mango

2 tazas de agua de coco

3 cm de jengibre fresco pelado

Batir.

DISFRUTA

ROMPE-RESFRIADOS

Para esta bebida se necesita cierto valor. Es especiada, es intensa, es salvaje. Acabará con cualquier resfriado que ya exista y prevendrá la amenaza de cualquier otro. Si te pones supervaliente, trágate esto una vez por semana como preventivo y como una proeza del júbilo. La gran noticia es que funciona y que limpiará tus cañerías, tus pulmones, tu garganta y tu neblinoso cerebro. Cuando la bebas y te sientas ya de lo mejor, te dispararás a un estado sobrehumano de atención concentrada.

PARA 1 RACIÓN

1 naranja pelada

1 limón pelado

3 cm de cúrcuma recién cortada

5 cm de jengibre recién cortado

1 cucharadita de pimienta de Cayena

2 golpes de salsa picante

1 diente de ajo aplastado

Batir todos los ingredientes con 1 taza de agua.

DISFRUTA

TÉ PARA LAS CRISIS

Este té calmante se inspira en mi amiga Suraya Sam. Nos conocimos en Nueva York, en Strala, y luego volvimos a vernos en Singapur, de donde es ella. Suraya ha creado Namasteas, su propia marca de tés calmantes. Todos sufrimos crisis, y cuando ocurren parece que nada sea capaz de arreglarlas. El té para las crisis es mi respuesta a todos los problemas que parecen sobrecogedores, pero que sé que pasarán cuando me relaje y encuentre una solución clara. El ritual de preparar el té es tan terapéutico como beberlo. Espero que este suavice tus crisis y las transforme para ti en un lugar feliz y calmado. Gracias, Suraya.

PARA 2 RACIONES

5 cm de jengibre fresco en rodajas
½ taza de hojas de menta
1 cucharadita de canela

Hervir 4 tazas de agua con jengibre.
Añadir las hojas de menta y hervir tapado a fuego lento durante 5 minutos.
Verter en un tazón y espolvorear canela por encima.

DISFRUTA

TÉ PARA NO PONERSE NUNCA ENFERMO

Este té se inspiró en mi amiga Jaya, que estuvo unos cuantos meses en Strala, en Nueva York. Se pasó gran parte de su tiempo no dedicado al yoga cocinando para todos sus nuevos amigos. Su corazón es inmenso y sus habilidades culinarias, superiores. Ella no hizo este té para mí, pero un día me motivé y exploré en mi cocina tras haber estado con ella en el estudio y haber escuchado sus alardes sobre los poderes curativos de la cúrcuma y del jengibre. Fui a casa y puse a hervir esos ingredientes. Es sencillísimo, pero sorprendente. Es también un gran sustituto del café de mediodía para mantener la energía, sin el disparatado efecto que tiene otra taza de café.

PARA 2 RACIONES

5 cm de jengibre fresco, en rodajas

3 cm de cúrcuma fresca, en rodajas

1 cucharadita de canela (optativo)

Hervir 4 tazas de agua.

Añadir el jengibre y la cúrcuma y dejar hervir a fuego lento 5 minutos.

Cubrir con canela si te sientes muy caprichoso.

DISFRUTA

TÉ DE LA SALIDA DE INCENDIOS

Descubrí esta bebida física y emocionalmente refrescante un día, después de darme cuenta de que había estado consumiendo demasiados cafés con hielo durante los meses de junio, julio y agosto. Cuando era pequeña, mi madre ponía siempre una gran jarra de vidrio fuera, sobre los escalones delanteros, con unas cuantas bolsas de té, y siempre teníamos té helado para unas pocas horas. Adopté esa idea a la manera de Nueva York: té de la salida de incendios. Esta versión está llena de menta, limón y lima para engalanarlo y hacerlo algo especial cuando vienen invitados. Me gusta utilizar el té verde, es el favorito de la mayoría.

PARA 6 RACIONES

2 cucharadas de té verde sin apretar

½ taza de hojas de lavanda

1 taza de hojas de menta

El zumo de 1 limón

El zumo de 1 lima

Poner 2 litros de agua en una jarra de cristal.

Poner el té, la lavanda y la menta en un colador y meterlo en el agua.

Situar la jarra en el alféizar de una ventana soleada o en el exterior de la casa entre 1 y 2 horas. El té estará listo cuando el agua tenga un color más oscuro.

Añadir al agua los zumos de limón y de lima.

Rebanar en rodajas el limón y la lima y añadirlas a la jarra.

Servir con hielo.

DISFRUTA

CHOCOLATE CALIENTE CALIENTE

El chocolate caliente es de siempre una de mis bebidas caseras preferidas. De niña hacíamos chocolate en la hornilla o en el microondas, con leche y un par de cucharadas de cacao en polvo. Me gustaba mucho, pero vi que tenía más posibilidades. Para mí no tiene que ser un día invernal y maravilloso para disfrutar de la riqueza y cremosidad del chocolate caliente. Me gusta esta bebida todo el año, como postre después de la cena o como piscolabis a mediodía.

Mi amiga de Strala, la artista Renata Rucka, conocida online como Pia Brunost, vive rodeada de naturaleza, nieve y montañas en Noruega. Ella ha engalanado mi tradicional chocolate caliente con unos cuantos ingredientes especiales. Sus comidas son siempre muy inspiradas y parecen conversar con la naturaleza que la rodea. Creo y espero que esos ingredientes especiales te conviertan de ser un aficionado ocasional al chocolate a un sofisticado experto del chocolate caliente.

PARA 2 RACIONES

4 tazas de leche de almendras

100 gr de chocolate negro

2 golpes de salsa picante

1 pellizco de cayena molida

1 pellizco de canela molida

Mezclar la leche de almendras y el chocolate en una cacerola a fuego medio.

Remover constantemente hasta que se funda el chocolate.

Añadir la salsa picante y mezclarlo todo bien.

Retirar del fuego y cubrir con la cayena y la canela.

DISFRUTA

CAPÍTULO 4

DESAYUNOS
Magia matutina

Puede suceder deprisa o despacio; puede ser como un banquete o tragarse en un par de bocados. Puede ser una bebida o una sacudida. O puede saltarse enteramente. Los desayunos vienen de muchas formas y maneras para cada uno de nosotros. Dependiendo del día, del horario y de nuestras necesidades, el desayuno tiene la capacidad de ponernos en marcha para el resto del día. Te seré sincera: mi desayuno ideal es el Sueños Verdes clásico emparejado con algo delicioso y nutritivo, como una tostada con aguacate, pero muchas veces se convierte en una taza de café sobre la marcha. En esos días, mi cerebro neblinoso se arrastra a media mañana, con lo que se me recuerda que tengo que encontrar más espacio y tiempo para alimentarme adecuadamente.

Parece algo autocomplaciente tomarse el tiempo de elaborar y disfrutar de un desayuno que esté en un plato en lugar de en una taza o tazón. Cuando reservo el tiempo de preparar una comida real como desayuno, me siento con el tanque muy lleno para todo el día y lista para salir afuera y disfrutar de la magia. Si funcionamos con la reserva, es difícil ver la magia que nos aguarda cada día, así que llénate adecuadamente más a menudo y disfruta de sentirte fantásticamente por dentro y por fuera. Incluye algunos platos completos a tu rutina matinal y ya verás la energía que puedes lograr. Ten tus platos y tus cuencos preparados, es hora de un sustancioso desayuno

REVUELTO DE TOFU Y VERDURAS

Un gran plato de humeante revuelto de verduras es una de mis nutritivas comidas caseras favoritas. En un viaje reciente al hotel W de Vieques, en Puerto Rico, tuve el placer de aprender algunos de los secretos del oficio culinario del chef Fernando. Me inspiró muchísimo el giro que le da a la verdura fresca con las especias locales de la isla. Tengo muy buenos recuerdos de los ratos pasados en la cocina haciendo el papel de ayudante del chef, añadiendo cada variedad de verduras que podíamos encontrar, enredando con especias diferentes, incluso aprendiendo su paciente técnica de agregar un poco de líquido y dejar que todo cueza despacio y absorba los sabores, lo que hace que el plato sea muy especial y verdaderamente exquisito.

PARA 2 RACIONES

2 cucharadas de aceite de oliva

1 cebolla cortada en dados

1 patata cortada en dados

2 tomates en rodajas

5 setas shiitake en rodajas

200 gr de tofu firme, troceado

1 aguacate, deshuesado y en rodajas

1 pellizco de sal marina

1 cucharadita de copos de pimiento morrón

Verter el aceite en la sartén a fuego medio. Añadir la cebolla y la patata. Remover con la espátula y cocinar hasta que la cebolla esté dorada. Agregar los tomates y las setas. Remover durante 3 minutos.

Añadir 2 cucharadas de agua y cocer durante 3 minutos, hasta que espese la salsa. Añadir el tofu y el aguacate. Cocinar y remover constantemente entre 4 y 5 minutos, hasta que todo esté ligado y apetitoso.

Echar la sal y los copos de pimiento morrón por encima y remover una última vez. Retirar del fuego y servir.

DISFRUTA

RANCHEROS

Uno de mis cafés-restaurantes favoritos de Nueva York es el Café Habana.
La comida es muy buena y sin pretensiones; el ambiente es estupendo. Fundamentalmente, el restaurante es un remolque que tiene unas cuantas sillas de bar y unas pocas
mesas. Si tienes la gran suerte de conseguir sitio dentro, te sentirás como si hubieras en-
trado en la fiesta más relajada para entendidos. Me encantan sus huevos rancheros, tanto que intento recrear el plato en casa, suprimiendo los huevos y con algunas verduras
más. Me acerco mucho, y mi plato se disfruta bien, pero hay siempre un algo especial
en conseguir sitio en el bar para tener una pequeña experiencia cubana en Nueva York.

PARA 2 RACIONES

2 cucharadas de aceite de oliva

1 cebolla troceada

2 tomates raf o maduros
    troceados

½ jalapeño troceado

2 dientes de ajo machacados

2 tazas de judías negras

1 pellizco de sal marina

200 gr de tofu firme

2 tortitas de maíz

El zumo de 1 lima

¼ de taza de cilantro fresco

1 golpe de salsa picante

Poner una cucharada de aceite de oliva en una sartén a fuego medio. Añadir la
cebolla, los tomates, el jalapeño y un diente de ajo. Remover y cocinar de 3 a
5 minutos. Retirar del fuego y reservar. Añadir las judías a la sartén con el otro
diente de ajo y la sal marina. Cocinar 5 minutos o hasta que todo esté caliente.
En otra sartén, añadir la otra cucharada de aceite de oliva y el tofu.
Cocinar hasta que esté caliente. Añadir el tofu al resto de la mezcla en la primera
sartén. Colocar las tortitas en la segunda sartén y poner al fuego unos momentos
hasta que estén calientes.
Servir las tortitas en un plato. Añadir las judías, el tofu y la salsa de tomate a
cada una. Echar por encima el zumo de lima, el cilantro y la salsa picante.

DISFRUTA

EL MONTÓN DE PERA

Me encanta juguetear con unos cuantos ingredientes sencillos para ver la combinación mágicamente exquisita que puede resultar de ello. Por naturaleza me gustan las sobras, además de mi interés por el diseño y las culturas diversas. Todo ello me lleva a ciertas combinaciones estrafalarias en la retaguardia doméstica. El tiempo que paso en la cocina me proporciona a menudo un descanso para la mente, con lo que puedo dejar que la intuición se haga cargo. El Montón de Pera se reveló por sí mismo a mi vuelta de un viaje largo, cuando recolectaba en mi cocina lo que todavía se podía comer. Espero que disfrutes de esta escultura de rechupete; deja que tu Picasso interior actúe.

PARA 1 RACIÓN

1 pera en rodajas

2 cucharadas de mantequilla de cacahuete

½ taza de pasas

1 manzana en rodajas

1 cucharada de mermelada de fresa

½ taza de almendras laminadas

1 cucharadita de canela

1 cucharada de miel

Hacer una pila con rodajas de pera y mantequilla de cacahuetes, pasas, rodajas de manzana, mermelada, almendras, más rodajas de pera y así sucesivamente, haciendo una torre con tus combinaciones creativas. Poner la canela y la miel por encima. Servir en un plato con un tenedor.

DISFRUTA

LA TOSTADA SONRIENTE

Creo que nunca voy a hacerme mayor, y eso me gusta. A veces solo me apetece chocolate en el desayuno, y tengo que reírme de mí misma para comer frutas. Un día creé una cara sonriente en mi tostada y eso me ayudó a consumir más nutrientes y antioxidantes junto con mi preparado de chocolate cremoso. Estoy segura de que este desayuno convencerá a los niños para que coman frutas por la mañana, ¡pero también funciona con los adultos!

PARA 1 RACIÓN

2 rebanadas de pan
2 ½ cucharadas de mantequilla de almendras al chocolate
½ plátano dulce en rodajas
1 taza de arándanos
2 fresas rebanadas a lo largo

Tostar el pan y untarlo con la mantequilla de almendras al chocolate.
Poner dos rodajas de plátano dulce en cada tostada. Pon encima los arándanos para formar los ojos.
Dispón el resto del plátano para formar la nariz y añade las fresas para hacer la boca.

DISFRUTA

TORTITAS DE PATATA

De niña, en las raras ocasiones en que mi madre no estaba para hacer la cena, teníamos a nuestro padre trasteando en la cocina. Mi hermano y yo nos asustábamos un poco, pero era toda una aventura observarle cuando intentaba preparar algún plato para nosotros. Lo mejor que cocinaba mi padre era lo que le gustaba comer, lo que es cierto para muchos de nosotros, y para él eso consistía en huevos, tostadas y bolas de patata. Generalmente se le quemaba todo, y todavía no estoy segura de si así era como le gustaban las cosas o de si era así como le quedaban siempre. En cualquier caso, las tortitas de patata me ponen nostálgica porque me recuerdan las escasas cenas con papá. A mí me gustan las tortitas de patata por la tarde, pero tú puedes consumirlas cuando te apetezca, por supuesto. Esta receta es ligeramente diferente de la de mi padre. He hecho algunos experimentos para conseguir esta versión actualizada de aquel mejunje.

PARA 2 RACIONES

- 2 patatas rojas peladas y troceadas
- 2 cucharaditas de curry en polvo
- 1 cucharadita de pimienta negra
- 1 cucharadita de copos de pimiento morrón
- 1 pellizco de sal marina
- 2 cucharadas de mantequilla
- ½ cebolla troceada
- 1 cucharadita de salsa picante

Cocer unos 15 minutos las patatas hasta que estén blandas. Escurrirlas y cortarlas en trozos pequeños. Mezclarlas bien con las especias. Poner en la sartén una cucharada de mantequilla y la cebolla, sofreír a fuego medio. Añadir las patatas a la sartén y mezclar todo bien. Formar dos tortitas con las patatas y aplastarlas con la espátula. Cocinar a fuego medio o lento entre 5 y 8 minutos hasta que se dore uno de los lados.

Retirar del fuego. Añadir el resto de la mantequilla a la sartén. Colocar de nuevo las tortitas sobre la sartén, del otro lado. Cocinar a fuego medio o lento de 5 a 8 minutos. Retirar del fuego. Echar la salsa picante por encima y servir.

DISFRUTA

ELVIS EN BUENA FORMA

El rey del rock, el inventor del pop, la estrella que definió cómo ser genial: Elvis. Nos encanta recordarlo dinámico y lleno de energía, pero tampoco podemos pasar por alto el lado oscuro y el declive de su vitalidad. Todos tenemos nuestros héroes a los que habríamos esperado poder ayudar por el camino, y a millones de personas les habría encantado ayudar a Elvis a cuidar mejor de sí mismo en la época en la que empezó su caída. Pero tenemos también la oportunidad de ayudarnos a nosotros mismos cuando somos testigos de las malas decisiones que toman otros y de las consecuencias de sus acciones. Podemos honrar de muchísimas maneras el espíritu de Elvis, su talento y la energía que nos dejó con sus canciones, sus bailes y su pasión. Me encanta honrar al rey del rock elaborando mi versión adaptada de su famoso bocadillo de mantequilla de cacahuete y plátano dulce. La mía es un poco más saludable, por supuesto, y me gusta bailar con el «Rock de la Cárcel» puesto a todo volumen cuando la preparo. Únete a mí en una aventura entretenida para homenajear al *rock and roll* y a nuestro enérgico potencial. ¡Elegid bien, chicos!

PARA 1 RACIÓN

2 cucharadas de mantequilla
  de almendras

2 rebanadas de pan de centeno

1 plátano dulce

1 cucharadita de canela

1 cucharada de mantequilla sin
  lácteos

Untar la mantequilla de almendra en una rebanada de pan.

Cortar el plátano dulce en rodajas y añadirlas al pan.

Cubrir con ½ cucharadita de canela.

Añadir la mantequilla sin lácteos en una sartén a fuego medio.

Poner la segunda rebanada de pan sobre la otra para hacer el bocadillo.

Poner el bocadillo en la sartén de 5 a 8 minutos hasta que esté tostado.

Darle la vuelta al bocadillo y tostar el otro lado durante 5 minutos más.

Retirar del fuego y cubrir con la canela restante.

DISFRUTA

TOSTADA ELEGANTE DE PIMIENTO ROJO

Cuando te mudas a una gran ciudad desde un pueblo pequeño, encuentras que ciertas cosas pueden ser muy sofisticadas. Cafeterías completas dedicadas a la mantequilla de cacahuete o a las cupcakes serían una locura en mi pueblo natal, pero son la norma en Nueva York. Las novedades y las modas pasajeras siempre enseñan algo y proporcionan muchos caprichos, exquisitos de probar. En el caso de las tostadas sofisticadas, unas cuantas veces me dejé embaucar hasta gastar más dinero en una pieza de pan tostado que en varias barras de pan, y disfruté de algunas creaciones verdaderamente apetitosas. Y oía la voz de mi madre en mi cabeza: «Sabes que puedes hacer esto en casa». Eso me hizo pensar: «Ah, debería intentar hacer esto en casa». Bien, me puse a ello, y también lo cambié un poquito al añadir mi propio pellizco de creatividad, pero resultó bastante sabroso. Esta es mi versión de la tostada por la que alguna vez pagué en el SoHo. Espero que disfrutes de la versión «hágalo usted mismo» por un coste mucho menor.

PARA 1 RACIÓN

2 rebanadas de pan

2 cucharadas de pasta de
    pimiento morrón

1 cucharadita de salsa picante

1 diente de ajo

1 cucharada de aceite de oliva

1 tomate raf

1 puñado de hojas frescas de
    albahaca

1 pellizco de sal marina

Tostar el pan.

Mezclar la pasta de pimiento morrón, la salsa picante, el ajo, ½ cucharada de aceite de oliva y el tomate.

Untar la mezcla en la tostada. Añadir las hojas de albahaca y rociar el resto del aceite de oliva.

Echar la sal marina por encima.

DISFRUTA

TOSTADA DE TOFU

Al descubrir el mundo de las tostadas elegantes, me imaginé las ilimitadas posibilidades de comer alimentos saludables sobre ellas. Me gusta lo dulce, me gusta lo sabroso, me gusta lo especiado; me gusta todo. Si sabe bien, me gusta, y si es saludable y apetitoso, lo pondré en mi rotación de comidas habitual. Con todos los viajes que hago, mis desayunos sobre la marcha se limitan a algo de fruta fresca o un batido, con suerte. Los desayunos en los aeropuertos pueden ser bastante brutales, pero sé dónde conseguir tentempiés saludables, o mejor aún, me llevo un plátano dulce y una mezcla de frutos secos para que me dure la energía hasta la hora del almuerzo. Los viajes por aeropuertos pueden sacar a relucir ciertos hábitos alimentarios malísimos. Con frecuencia uno se siente como en una zona intermedia, en la que si comes basura no cuenta porque no estás realmente en casa ni en tu lugar de destino. Como en tierra de nadie. La cola de la comida rápida es larguísima para ese bocadillo exprés del desayuno. Conozco alternativas mejores que ingerir alimentos preparados, pero veo el atractivo que indudablemente tienen. El olor, el sabor y la textura apelan al consuelo que ansiamos cuando estamos de viaje. Esta tostada de tofu está inspirada en todos esos centros de placer de la comida rápida, pero sin ninguno de sus efectos dañinos.

PARA 1 RACIÓN

1 cucharada de mantequilla sin lácteos

¼ de cebolla roja

1 diente de ajo

100 gr de tofu firme troceado

¼ de pimiento morrón rojo troceado

1 puñado de tomatitos cherry cortados por la mitad

¼ de jalapeño troceado

El zumo de ½ lima

1 cucharadita de chile en polvo

1 cucharadita de copos de pimiento morrón

1 cucharada de leche de almendras o de coco

1 cucharada de levadura nutricional

2 rebanadas de pan

½ cucharada de sirope de arce (optativo)

Saltear la mantequilla sin lácteos, la cebolla y el ajo en una sartén a fuego medio.

Mezclar el tofu, el pimiento morrón, los tomates, el jalapeño, el zumo de lima y las especias con un tenedor en un cuenco de tamaño mediano.

Añadir la leche de almendras y la levadura nutricional.

Verter la mezcla en una sartén y guisar de 5 a 8 minutos, removiendo de vez en cuando.

Tostar el pan.

Añadir la mezcla de tofu cocinada a la tostada.

Cubrir con el sirope de arce, si se utiliza.

DISFRUTA

TORTITAS DE PLÁTANO CON MANTEQUILLA DE ALMENDRAS

Las tortitas tienen el aura del tiempo libre en una perezosa mañana de fin de semana. Cuando era niña, a veces teníamos tortitas para cenar y yo me lo pasaba muy bien. Esa era probablemente una de las pocas comidas vegetarianas que hacíamos; y solamente era porque mi madre no quería emplear su tiempo en cocinar un asado o cualquier otra cosa en todo el día. No es que yo fuera una aficionada a comer carne, así que las cenas a base de tortitas estaban en la cima de mis prioridades. Actualmente mis fines de semana los tengo hasta arriba con Strala, viajes y demás actividades, así que los perezosos días del fin de semana viven mayoritariamente en mi imaginación; pero ¿por qué echar de menos las tortitas solo porque tu calendario para el fin de semana esté muy ocupado? Mantengo una rotación de cenas a base de tortitas. Esta versión es superapetitosa y nutritiva.

PARA 2 RACIONES

1 cucharada de azúcar

1 cucharada de azúcar moreno

2 tazas de harina de almendra

2 ½ cucharaditas de levadura en polvo

½ cucharadita de sal marina

2 plátanos dulces

3 sustitutos de huevo

2 cucharadas de mantequilla de almendras

4 cucharadas de mantequilla sin lácteos

1 ½ taza de leche de almendras

½ cucharadita de extracto de vainilla

½ taza de almendras laminadas

1 cucharada de aceite de oliva

1 cucharadita de azúcar glas

1 cucharada de sirope de arce

Mezclar el azúcar, el azúcar moreno, la harina de almendra, la levadura en polvo y la sal marina.

Machacar los plátanos dulces y mezclarlos con los sustitutos del huevo y la mantequilla de almendras.

Añadir la mitad de la mezcla de los plátanos a la mezcla de harina y azúcar anterior.

Agregar mezclando la mantequilla sin lácteos, la leche de almendra y la vainilla.

Incorporar la mitad de las almendras laminadas.

Verter el aceite de oliva en una sartén mediana.

Con un cazo o cucharón verter la mezcla para las tortitas en la sartén para formar tortitas medianas.

Tostar 2 minutos por cada lado.

Retirar del fuego.

Cubrir con el resto de las almendras laminadas, la mezcla de los plátanos, el azúcar glas y el sirope de arce.

DISFRUTA

CUENCO DE ACAI

Esta receta me llegó de otra de mis amigas rusas de toda la vida. Cuando Ksenia Avdulova llegó a Strala a recibir clases, me di cuenta enseguida de la resolución que tenía sobre la colchoneta y quise saber más de ella. No me sorprendió saber que era una empresaria que seguía su pasión por los superalimentos –y por divulgar el mensaje de sus poderes– y por la fotografía. Ksenia vino una mañana para preparar desayunos antes de las clases de Strala y me hizo un examen sobre los superalimentos. Esa fue la primera vez que tomé un cuenco de acai, y tengo que reconocer que me sentí un poco sobrecargada, casi como una súper heroína. El acai es una golosina muy nutritiva tradicional brasileña (es el fruto de una palmera silvestre de Brasil), que se puede encontrar en la mayoría de las tiendas de salud y herbolarios en paquetes de batido de frutas. Es increíblemente flexible como base para una infinidad de desayunos felices. Lo he utilizado en muchas combinaciones diferentes, y siempre resulta apetitoso y me llena de la fuerza de Superwoman.

PARA 2 RACIONES

2 paquetes de puré de acai sin
    azúcar
¼ de taza de moras
¼ de taza de arándanos
1 plátano dulce
½ taza de espinacas
½ aguacate, deshuesado y
    rebanado

1 cucharada de canela
1 taza de agua de coco
¼ de taza de muesli
¼ de taza de bayas de goji
¼ de taza de coco rallado
1 cucharada de maca (optativo)

Mezclar el puré de acai, las moras, los arándanos, el plátano dulce, las espinacas, el aguacate, la canela, el agua de coco y la maca (si se utiliza).
Cubrir con el muesli, las bayas goji y el coco rallado.

DISFRUTA

LA BARCA DE PLÁTANO

Tengo recuerdos muy vívidos de cuando volvía a casa en el autobús escolar desde mi jardín de infancia y mi madre me preparaba la merienda: una barca de plátano dulce con crema de manzana y requesón fresco al lado. Recuerdo que después de la escuela estaba siempre exhausta y que la barca de plátano me devolvía a la vida y me daba la energía necesaria para pasar el resto del día. Ahora disfruto de una versión puesta al día para el desayuno, el almuerzo o como tentempié después del yoga. En todos los casos, sirve igual para devolverme mi energía

PARA 1 RACIÓN

1 plátano dulce
1 rebanada de pan
2 cucharadas de mantequilla de cacahuete
1 cucharada de mermelada de fresa
1 cucharadita de canela

Pelar el plátano y colocarlo sobre el pan.
Untar la mantequilla de cacahuete sobre el plátano.
Untar la mermelada sobre la mantequilla de cacahuete.
Cubrir con canela.
Doblar el pan para hacer una barca.

DISFRUTA

POSTRE HELADO DE COCO

Cuando dirigía un retiro en el Hotel W en las islas Maldivas, el chef preparó recetas exquisitas y nutritivas inspirándose en mi libro *La no-dieta; sigue tus propias reglas*. El chef les dio bastantes toques locales, que me proporcionaron nuevos trucos para llevar a casa, probarlos y compartirlos. Este desayuno (y casi postre) es un regalo delicioso con el que comenzar el día. No lleva mucho tiempo prepararlo, pero hay que hacer esta receta la noche anterior para que se asiente adecuadamente. No hay que preocuparse: solo se necesitan unos pocos minutos y tendrás un desayuno fresco esperándote por la mañana. He disfrutado con él en muchas sesiones de yoga matinal y me ha mantenido fuerte hasta volver a llenar el tanque después de nadar en el mar o de zambullirme en la piscina. También me funciona muy bien para refrescarme y empezar el día cuando vuelvo a la vida de ciudad.

PARA 2 RACIONES

1 taza de leche de coco

4 cucharadas de semillas de chía

1 cucharadita de extracto de vainilla

5 cucharadas de muesli

1 taza de fresas y arándanos frescos

Mezclar la leche de coco, las semillas de chía y la vainilla.

Remover y cubrir. Refrigerar 8 horas como mínimo.

Sacar la mezcla del frigorífico por la mañana y mezclarla con el muesli, las fresas y los arándanos.

DISFRUTA

ENSALADA DE FRUTAS DE LA ABUELA

Mi abuela siempre tiene un cuenco gigante de ensalada de frutas listo para servir. Con los años me he dado cuenta de que la ensalada de frutas mejora cuanto más se asienta, lo mejor es al segundo día. He encontrado la manera de recrear esa perfección que alcanza la ensalada de frutas al segundo día añadiendo ciertos ingredientes secretos. La versión de la abuela es supersencilla: verter varias latas de fruta en un cuenco grande y servir; la mía es un poquito más compleja. La abuela es muy eficaz y siempre tiene mucha gente a la que alimentar; yo no me ocupo de tantos todavía, de modo que le puedo dedicar más tiempo que ella a esta receta

PARA 4 RACIONES

2 tazas de fresas en rodajas

2 tazas de arándanos

1 taza de frambuesas

1 taza de moras

2 tazas de uvas sin semilla

El zumo de 2 naranjas

2 melocotones en rodajas

1 pera en rodajas

El zumo de 4 limas

El zumo de 2 limones

1 taza de agua con gas

1 cucharada de canela

Mezclar bien todos los ingredientes en un cuenco grande.
Refrigerar hasta que esté lista para servir.

DISFRUTA

CAPÍTULO 5

TENTEMPIÉS
Antojos de locura

LOS TENTEMPIÉS PUEDEN, LITERALMENTE, SALVAR la situación. Cuando no estoy de viaje, me paso una buena cantidad de tiempo como lo hace la mayoría de nosotros: al estilo oficina. Puedo pasarme horas y horas dedicándome a la planificación, la organización y la creación. Según va pasando el tiempo, aparece el hambre, y sé que beberse otra taza de café no es la mejor solución para ello. He elaborado unos cuantos salvavidas de mediodía que me mantienen la mente fresca y clara para afrontar todo lo que quiera conseguir. Mi cuerpo está enérgico y dinámico a la hora de preparar la siguiente comida. Prepárate tentempiés saludables y harás más con menos esfuerzo.

GUACAMOLE CON ACEITUNAS

El guacamole es una de esas cosas fáciles de comprar pero casi tan fáciles de hacer en casa. En mi estilo habitual de utilizar lo que tenga por la cocina para hacer algo (esperemos que) comestible, he descubierto la receta de este apetitoso guacamole, con la calidad añadida de las aceitunas.

PARA 3 RACIONES

2 aguacates
½ taza de cebolla troceada
½ taza de aceitunas verdes y negras mezcladas y troceadas
¼ de taza de jugo de aceitunas
½ tomate troceado en dados
2 dientes de ajo picados
4 golpes de salsa picante
1 cucharadita de copos de pimiento morrón
1 cucharadita de copos de chile
El zumo de ½ limón
El zumo de ½ lima

En un cuenco pequeño, machacar el aguacate con un tenedor y añadir, removiendo, la cebolla, las aceitunas, el jugo de aceitunas, el tomate, el ajo, la salsa picante y las especias.
Mientras se remueve, agregar los zumos de limón y de lima, y machacar todo con un tenedor.

DISFRUTA

SALSA DE PIÑA

Las salsas son una de esas cosas que me hacen sentir rara cuando las compro. Sé que puedo prepararlas fácilmente en casa, pero me siento extrañamente atraída a la sección de salsas del supermercado. Existen tantísimas variedades que es como otro mundo, y debo confesar que con los años he comprado montones de tarros. Afortunadamente, los tarros de vidrio sirven también de recipientes útiles para toda clase de cosas, incluyendo mis propios inventos con las salsas. En Nueva York vemos tendencias que surgen rápidamente, y que a veces permanecen y a veces se disipan. Me apuntaría a ser visitante habitual a un bar de salsas (si hubiera alguno algún día) para probar multitud de variedades, de sabores, de añadidos creativos y de niveles de especiado de una sentada. Un añadido preferido que se ha asentado es la piña, que le da algo de dulzor a las contundentes salsas. ¡Saca tus rodajitas de verdura frita e híncales el diente con esta salsa!

PARA 2 RACIONES

2 tomates cortados en dados

1 taza de piña troceada

½ cebolla roja cortada en dados

1 diente de ajo machacado

El zumo de 1 lima

4 golpes de salsa picante

1 cucharadita de copos de chile

1 cucharadita de pimienta negra

1 pellizco de sal marina

Batir ligeramente.

DISFRUTA

CRUJIENTES DE REMOLACHA

Me encanta lo salado tanto como lo dulce, pero no quiero tener que escoger un favorito. Con los crujientes se hace imposible comer solo uno, así que ¿por qué no encontrar una versión más saludable para disfrutar de una cantidad satisfactoria sin sentir ni culpa ni acidez de estómago? El color de la remolacha es increíble; sus beneficios son varios y cuantiosos. Las remolachas contienen altas dosis de vitaminas A, B y C, y son estupendas para bajar la tensión arterial, para estimular el vigor, para luchar contra las inflamaciones y para actuar como un limpiador natural del cuerpo, al apoyar la desintoxicación.

PARA 4 RACIONES

2 cucharadas de aceite de oliva

1 cucharadas de sirope de arce

2 remolachas en rodajas finas

1 cucharadita de sal marina

1 cucharadita de pimienta negra

Precalentar el horno a 180 grados.

En un cuenco pequeño, mezclar el aceite de oliva con el sirope de arce.

Remojar las rodajas de remolacha en la mezcla y eliminar el exceso de líquido.

Cubrir una bandeja para el horno con papel pergamino. Colocar las remolachas encima de la bandeja y hornear durante 25 minutos o hasta que estén crujientes.

Retirar del horno y dejar enfriar 5 minutos.

Espolvorear por encima la sal marina y la pimienta.

DISFRUTA

CRUJIENTE DE COL RIZADA DE TANYA

La dieta crudívora tiene el potencial de prevenir y curar una cantidad increíble de problemas diversos de salud y de energía. Mi amiga Tanya es la prueba de ese poder curativo. No solo se ha fortalecido con una dieta crudívora, sino que además ha creado una cafetería estupenda, Tanya's, en pleno corazón de Londres. Este lugar ha contribuido a hacer de lo crudo algo supermoderno y entretenido, que plato a plato aporta resplandor al Reino Unido. Tuve el placer de remojar hasta el último pedacito de los especialmente sabrosos crujientes de col rizada de Tanya una noche, en Londres, cuando la cocina estaba cerrando. Tuve que insistirle para que me diera la receta, de manera que pudiese disfrutarla una y otra vez en mi casa. Sé que te entusiasmará el giro que le da a este saludable plato clásico.

PARA 2 RACIONES

1 taza de anacardos

1 troncho de col rizada, sin pencas

2 cucharadas de zumo de limón

1 cucharada de tahini

½ pimiento morrón, sin semillas y cortado

2 cucharadas de levadura nutricional

1 cucharadita de sal del Himalaya

1 diente de ajo troceado

Remojar los anacardos en 1 taza de agua al menos 2 horas. Escurrir después de remojar.

Trocear la col en trozos grandes y reservar.

Mezclar los anacardos con ½ taza de agua, el zumo de limón y el tahini.

Añadir los demás ingredientes y batir hasta que esté suave.

Verter la salsa sobre la col rizada y utilizar las manos para repartirla bien.

Colocar la col rizada en las hojas de un deshidratador y deshidratar durante 10 horas a 45 grados centígrados.

Almacenar en un recipiente hermético o en una bolsa de plástico que se pueda cerrar para mantenerlo todo crujiente.

DISFRUTA

SALSA DE MANGO

Supersencilla, fresca y ligera para el verano o para cualquier época del año, cuando te apetezca una ensalada agradable y sabrosa. Esta es una de las favoritas de mi amiga Ema, de Malasia. Es uno de sus platos básicos en rotación semanal para combatir el calor machacante de la ciudad de Kuala Lumpur. Yo he añadido unas cuantas de mis verduras favoritas para convertirla en algo más apropiado para un almuerzo o un tentempié sustancioso. Es muy sencilla y apetitosa, y te permite la libertad de añadir las verduras que más te gusten. Las que son frescas y crujientes funcionan mejor en este plato delicioso.

PARA 4 RACIONES

1 mango verde pequeño, troceado

5 cebolletas, troceadas

2 tomates, troceados

2 jalapeños, troceados

El zumo de 1 lima

El zumo de ½ limón

1 cucharadita de sal marina

Mezclar y machacar con un tenedor y servir para mojar en ella crujientes o verduras.

DISFRUTA

BOLSA DE LA POSTURA DEL ÁRBOL

Este tentempié sabroso ha sido mi salvador en esos días de no parar por la ciudad. Tanto si estoy viajando todo el día como de un lado a otro por las calles de Nueva York, trabajando en mis proyectos, una Bolsa de la postura del árbol siempre ha sido mi estrafalario compinche, que también es bueno a la hora de compartir. Cuando éramos niños, era normal tener un tentempié junto a nosotros para todo el día. De alguna manera, ya adultos nos hemos librado de ese hábito. Únete a mí en eso de llevar siempre encima un tentempié saludable para esos días de actividad interminable. Conseguiremos hacer más, ser capaces de concentrarnos más tiempo y no estar sujetos a necesitar llenar de nuevo el tanque con tentempiés dañinos o excesiva cafeína.

PARA 1 RACIÓN

2 tazas de avena

1 taza de frutos secos variados, troceados

1 manzana troceada

¼ de taza de virutas de chocolate negro

¼ de taza de pasas

1 cucharadita de canela

1 cucharadita de cardamomo

¼ de taza de sirope de arce

1/8 de taza de aceite de coco

Precalentar el horno a 180 grados centígrados.

Mezclar la avena, los frutos secos, la manzana, el chocolate y las pasas en un cuenco grande. Añadir la canela, el cardamomo, el sirope de arce y el aceite de coco. Mezclar bien.

Colocar la mezcla en una bandeja para galletas y hornear 30 minutos. Retirar del horno y dejar que se enfríe.

DISFRUTA

SALSA PARA MOJAR DE AGUACATE Y ANACARDOS

Una vez que empecé a jugar a hacer mis propias creaciones, ya no pude parar. Comencé a acumular muchos tarritos de vidrio llenos de ellas. En una reunión improvisada sobre los aderezos, probé varias cosas y encontré una receta demasiado espesa y cremosa para utilizarla como aliño de ensalada, pero que era maravillosa para untarla en tostadas, en bocadillos o en una pura crema de verduras. Una vez que me sumergí en la salsa de aguacate y anacardos, mi conexión cuerpo-mente estalló de entusiasmo. Espero que la tuya haga lo mismo.

PARA 2 RACIONES

1 aguacate, deshuesado y en rodajas
¼ de taza de anacardos
½ taza de leche de coco
1 cucharada de levadura nutricional
1 cucharadita de copos de pimiento morrón
1 cucharadita de cúrcuma
5 golpes de salsa picante
1 pellizco de sal marina
2 dientes de ajo (optativo)

Batir todos los ingredientes.
Utilizarlos como salsa para mojar con verduras, o para untar sobre pan tostado.

DISFRUTA

CREMA PARA UNTAR DE LA ISLA DEL PARAÍSO

Esta receta encontró por sí misma el camino hacia mí cuando vi las sobras en mi cocina que habían estado esperando mi regreso desde Bali, para que valorase completamente su viveza y su potencial. Ese mismo viaje a Bali, para dirigir un retiro, me había proporcionado muchísima energía de una manera que no me había esperado. Creo que tuvo mucho que ver con la fortaleza del océano y con el enorme tamaño de las olas rompientes. Uno no podía hacer más que cargarse de la fuerza de la corriente. El aire era muy fresco y tonificante.

La suprema cordialidad de la cultura balinesa puede resultarle casi cómica a un occidental urbano. Te reto a que seas la última persona en decir gracias a cualquier habitante de Bali. Los balineses te van a sobrepasar siempre con un gracias, hasta el punto de que puedes hacer un juego entretenido con ello: «no, gracias», «no, gracias», «gracias», «gracias». Es el ritual de la gratitud a carcajadas. La cena de la que disfruté consistía en muchas frutas frescas, verduras y especias, que estoy segura de que mejoraron con mi humor tan eléctrico. La cremosidad es como para mimarse, y las especias y la frescura mantienen ligera e interesante la crema para untar.

Espero que disfrutes con mi descubrimiento en Bali tanto como yo.

PARA 4 RACIONES

½ taza de leche de coco o de almendras

1 pimiento morrón rojo o naranja

1 cucharada de mostaza de Dijon

1 cucharada de aceite de oliva

1 cucharadita de copos de pimiento morrón

1 cucharadita de chile en polvo

1 cucharadita de pasta de tomate

1 pellizco de sal marina

1 pellizco de pimienta negra

Batir y servir con verduras o crujientes.

DISFRUTA

SALSA DE "QUESO"

La salsa de queso suena a algo apetitoso, suculento y reconfortante, pero podría no dejar una sensación agradable después de tomarla. Yo tengo una receta que es más beneficiosa para el organismo que la salsa de queso tradicional, y que con suerte te dejará sintiéndote estupendamente tras haberla comido. Tengo esta receta en rotación regular para untar verduras y crujientes. La he utilizado también como salsa para pastas y en cazuelas. Puedes ser tan creativo como gustes. Esta salsa de «queso» está en un rango importante.

PARA 2 RACIONES

1 taza de anacardos
½ taza de leche de almendras
¼ de taza de levadura nutricional
1 cucharadita de copos de pimiento morrón
1 cucharada de mostaza de Dijon
4 golpes de salsa picante

Batir y servir como salsa para untar verduras o crujientes.

DISFRUTA

CAPÍTULO 6

SOPAS
Sórbelas

Siempre he sido gran aficionada a las sopas, probablemente porque crecí con algunos buenos maestros soperos. Entre mis abuelas, mis tías y mi madre siempre tuvimos montones de sopas sanas y nutritivas que mantenían nuestras mentes claras y en calma, y nuestros cuerpos fuertes y nutridos. Mi amor por las sopas ha seguido cociéndose a fuego lento desde que me trasladé a un espacio culinario que me inspira. Incluso cuando estaba en mi primer apartamento en Nueva York, un enorme santuario propio de dieciocho metros cuadrados, me puse a ello con dos pequeños fogones, un minifrigorífico y unos cuantos ingredientes que compraba en el mercado. En aquellos tiempos me inventé algo que llamé «sopa de sushi hágala usted mismo». No era algo tan espectacular como para incluir la receta aquí, pero la menciono para darte una idea de por dónde andaba mi mente entonces. Empleaba agua, arroz, espinacas, soja y salsas picantes; más o menos lo ponía todo a hervir un rato, y luego lo dejaba a fuego lento hasta que olía a algo comestible. Sobreviví y mis habilidades han mejorado y crecido, afortunadamente. Me alegra compartir contigo algunas de mis sopas favoritas recolectadas desde mi juventud gracias a mi familia y a mis amigos de todo el mundo, así como algunas de mis creaciones especiales propias.

SOPA DE BRÉCOL DE MAMÁ

En Illinois los inviernos llegan a ser verdaderamente fríos. Recurrir a las sopas es algo necesario para mantenernos calientes desde octubre hasta marzo. Mi madre acostumbraba a preparar este favorito de siempre unas cuantas veces por semana, cuando el tiempo era frío. Me encantaba cómo me hacían sentir su sustancia, su cremosidad y su calor. Yo además era la niña rara a la que le gustaba el brécol. Aparentemente, de pequeña lo llamaba «arbolitos». Obsesionada con los árboles y con el movimiento que vive en equilibrio, como siempre. Los árboles, altos y robustos, eran mis héroes. He puesto un poco al día la sopa de mi madre con leche de coco para hacerla extracremosa. La leche de almendras también va bien para eso. He sustituido el queso que utilizaba mi madre por la levadura nutricional.

PARA 4 RACIONES

1 cebolla blanca troceada

4 dientes de ajo troceados

1 cucharada de mantequilla sin lácteos

500 gr de brécol fresco

2 zanahorias troceadas

4 tazas de caldo de verduras

1 cucharadita de pimienta de cayena

1 cucharadita de pimienta negra

6 golpes de salsa picante

4 tazas de leche de coco o de almendras

½ taza de levadura nutricional

½ cucharada de almidón de maíz

En una sartén grande, saltear la cebolla y el ajo en la mantequilla sin lácteos.

Añadir el brécol y las zanahorias a la sartén y saltear unos minutos.

Añadir el caldo de verduras, las especias y la salsa picante, y guisar unos cuantos minutos. Agregar despacio y removiendo la leche de almendras (o de coco) y la levadura nutricional.

Añadir despacio el almidón de maíz y remover constantemente hasta alcanzar la densidad deseada.

Retirar del fuego y servir.

DISFRUTA

SOPA ROJA

ES una tontería pasar por alto algunos de los increíblemente impresionantes beneficios que ciertos alimentos tienen para nosotros de manera natural. La remolacha es una maravilla para la salud de nuestra sangre. Parece algo raro eso de mantener sana la sangre, pero si consideramos que se bombea por todo el cuerpo y que necesitamos buena cantidad de ella para sobrevivir, es una buena idea mantener nuestra sangre fluyendo felizmente. Yo vuelo muchísimo, y mi cuerpo, intuitivamente, ansía remolacha cuando estoy algún tiempo en un sitio. Me imagino que se siente un poco comprimido por pasarme tanto tiempo en vuelos largos. La circulación puede llegar a detenerse. A veces me laten las piernas durante varios días tras un vuelo largo, de manera que procuro tomármelo con calma y conseguir que me vuelva la vitalidad con el yoga y, por supuesto, con nuestra amiga la remolacha. Un día que me apeteció preparar sopa de remolacha, recolecté todas las verduras rojas que pude encontrar e hice una fiesta. La sopa resultó algo muy sabroso y cremoso. También tengo unos cuantos trucos especiales para eso, ya verás.

PARA 4 RACIONES

½ cebolla roja troceada

1 cucharada de aceite de oliva

1 patata roja pelada y troceada

3 zanahorias troceadas

1 remolacha troceada

1 tomate troceado

1 cucharadita de copos de pimiento chile

1 cucharadita de copos de pimiento morrón

1 cucharadita de páprika

1 cucharadita de curry en polvo

1 cucharadita de sal

1 cucharada de salsa picante

1 ½ taza de leche de coco

½ taza de perejil o espinacas, troceados (optativo)

En una cacerola mediana, dorar a fuego lento la cebolla en el aceite hasta que esté blanda.

Añadir la patata y dejar a fuego lento 3 minutos.

Agregar las zanahorias, la remolacha, el tomate y 6 tazas de agua. Llevar a ebullición.

Añadir las especias y la salsa picante y hervir a fuego lento 25 minutos.

Agregar la leche de coco sin dejar de remover y seguir hirviendo a fuego lento otros 15 minutos.

Retirar del fuego y batir.

Cubrir con el perejil o las espinacas, si se desea.

DISFRUTA

EL BORSCHT DE VERA

Tengo en mi vida a varias mujeres rusas increíbles. No sé cómo ocurrió exactamente, pero sucedió de golpe y ha sido bastante sorprendente. Todo ello giró alrededor del estudio Strala en Nueva York. He aprendido a tejer, a cultivar verduras, a mantenerme caliente, sana y fuerte, a hablar algo de ruso coloquial, y a interpretar ciertos trucos que si te los dijera, tendría que matarte. Eso último era una broma. Mi amiga Vera, que ahora enseña en el Strala de Los Ángeles, me preparó su famoso borscht cuando fui a visitarla. Es sorprendente cómo hizo que la casa se sintiese cálida y acogedora, me encantó la sensación de ahorrar tantos recursos y de utilizar ingredientes sencillos para elaborar un plato tan sano. Uno puede meterse en el auténtico espíritu ruso bebiendo un vaso de vodka para bajar el plato. Te mantiene más caliente aún.

P A R A   4   R A C I O N E S

1 cebolla roja troceada

1 cucharadita de aceite de oliva

1 zanahoria en tiras

1 remolacha en tiras

El zumo de ½ limón

2 tomates troceados

2 dientes de ajo picados

4 tazas de caldo de verduras

2 o 3 hojas de laurel

1 pellizco de granos de pimienta

2 patatas medianas peladas y troceadas

1 taza de alubias

1 repollo pequeño troceado

½ pimiento morrón troceado

1 taza de perejil troceado

1 manojo de hojas de remolacha (optativo)

1 cucharadita de crema agria (optativo)

En una sartén, saltear la cebolla en el aceite de oliva hasta que esté dorada.

Añadir la zanahoria y la remolacha y exprimir el zumo del limón sobre la mezcla.

Agregar los tomates y el ajo.

Saltear unos cuantos minutos más y reservar la mezcla.

Poner a hervir el caldo de verduras en una cacerola mediana.

Añadir las hojas de laurel y los granos de pimienta a la cacerola. A continuación, también las patatas, y guisar unos minutos.

Añadir la mezcla de zanahoria y remolacha a la cacerola y llevar a ebullición.

Removiendo, añadir las alubias, el repollo, el pimiento morrón y las hojas de remolacha, si se utilizan, y dejar que todo hierva a fuego lento un momento.

Cubrir y dejar reposar fuera de los fogones unos minutos antes de servir.

Cubrir con el perejil. Servir con la crema agria, si se utiliza.

DISFRUTA

SOPA PARA NO ENFERMAR

En los últimos años no me he puesto nunca enferma. A veces me he preguntado por qué puede ser esto, pero no me preocupo demasiado. No quiero espantar a mi suerte. Sin embargo, tengo una teoría: cuando me intereso mucho por cuidarme regularmente y me paso tiempo haciendo lo que me inspira a mí y tiene un resultado positivo para el mundo, mi cuerpo se adapta y me apoya. Está más fuerte que nunca (aunque practico menos el yoga), más sano que nunca (aunque viajo más en avión) y me siento fantásticamente por dentro y por fuera. Me cuido muy bien y pongo por delante la claridad mental y física, las interacciones positivas y el disfrute de cada momento. Esta sopa también ayuda. Cuando empiezo a sentirme un poco agotada, hago una tanda de ella, respiro profundamente y descanso. Entonces estoy lista para volver a sentirme enérgica y entusiasmada. Estoy segura de que los científicos descubrirán en algún momento que la salud no solamente tiene que ver con lo que comes y lo que haces, sino también con cómo te sientes con la vida en general. Hacer más hincapié en entusiasmarse por uno mismo y con lo que a uno le interesa hacer con su tiempo no solamente es divertido, sino que puede mantener la vitalidad y mantenerle a uno como un superhéroe.

PARA 2 RACIONES

120 gr de fideos de arroz
4 golpes de salsa picante
1 cucharada de salsa de soja
3 cm de jengibre molido
1 cucharadita de curry en polvo

1 cucharadita de copos
    de pimiento morrón
    machacado
½ taza de leche de coco
1 cucharada de levadura
    nutricional

Poner a hervir 2 tazas de agua en una olla o cazo. Añadir los fideos de arroz al recipiente y remover. Hervir durante 5 minutos. Retirar del fuego. Cubrir y dejar reposar 10 minutos. En una cazuela aparte, poner a hervir 2 tazas de agua a fuego medio. Añadir a la cazuela la salsa picante, la salsa de soja, el jengibre y las especias. Mezclar bien. Añadir los fideos de arroz a la cazuela y mezclar todo bien. Agregar la leche de coco y hervir a fuego lento entre 2 y 4 minutos. Retirar del fuego. Cubrir con la levadura nutricional.

DISFRUTA

SOPA FÁCIL DE MISO

La cultura, el diseño y, por supuesto, las comidas de Japón son las cosas que intento atraer más a mi vida diaria. Enfrentarme a la sopa de miso en casa me intimidó durante años, hasta que lo intenté de veras. Justo como ocurre con la mayoría de las demás sopas, es bastante difícil estropearla y tiene una flexibilidad sorprendente en cuanto a sus ingredientes. ¡Prueba a prepararla! Como dicen en Japón, *itadakimasu*, que literalmente significa «yo recibo humildemente», con una ligera inclinación de cabeza y las manos en postura namaste para hacerlo más solemne. El significado expresa agradecimiento al lugar de donde procede el alimento, al Sol y a la Tierra, y a los trabajadores que traen la comida a nuestros platos. Se refiere a honrar la conexión entre la naturaleza y la gente trabajadora que hace posible que esos alimentos estén en nuestra mesa. Es también una expresión de agradecimiento por nuestra vida, por la gente y por lo que nos sostiene: naturaleza, sol y aire. Cosas buenas.

PARA 2 RACIONES

1 manojo de cebollas verdes en tiras

2 cucharadas de aceite de sésamo

3 cm de jengibre fresco troceado

1 taza de setas shiitake desecadas

½ taza de miso

3 piezas de alga kelp deshidratada

1 cucharadita de copos de pimiento morrón

½ cucharada de salsa picante

75 gr de fideos soba

150 gr de tofu firme troceado

En una cacerola grande, saltear las cebollas en el aceite de sésamo a fuego medio-alto.

Añadir el jengibre, 6 tazas de agua, las setas, el miso, el kelp, los copos de pimiento morrón y la salsa picante, y dejar cocer a fuego lento de 10 a 15 minutos.

Agregar los fideos soba y el tofu y cocer 5 minutos más. Retirar del fuego y servir.

DISFRUTA

SOPA DE ARROZ CON TOMATE

Necesitaba desesperadamente ampliar mi repertorio de comidas después de haber ingerido alimentos enlatados y en bolsas los primeros años que pasé en Nueva York. Expandí mis horizontes e intenté recrear desde sus ingredientes básicos algunos alimentos en lata a los que estaba acostumbrada. Costaba más tiempo que encontrar simplemente un abrelatas y calentar algo, pero prepararlos era divertido, y sigue siéndolo. Probar combinaciones, aderezos y técnicas nuevas se ha convertido en uno de mis experimentos favoritos. Es bastante difícil estropear una sopa, aunque he tenido mi ración de desastres comestibles. Lo mejor de utilizar verduras frescas y especias es que uno no puede equivocarse demasiado. Espero que te guste esta sencilla sopa de arroz con tomate, que es mucho más sabrosa que la enlatada y además bastante sencilla de hacer.

PARA 2 RACIONES

4 tomates

2 dientes de ajo picados

1 cebolla roja troceada

1 cucharada de aceite de oliva

½ taza de arroz

1 cucharadita de pasta de tomate

1 cucharadita de copos de pimiento morrón

¼ de taza de leche de coco

Precalentar el horno a 180 grados. Colocar los tomates y el ajo en una bandeja para asar y hornear de 15 a 20 minutos. Sacar del horno y dejar que los tomates se enfríen completamente. En una cacerola, saltear la cebolla en el aceite de oliva 5 minutos, removiendo de cuando en cuando.

Trocear los tomates en ocho partes y añadirlos a la cacerola junto con el arroz, 2 tazas de agua, la pasta de tomate y los copos de pimiento morrón. Llevar a ebullición y cocer a fuego lento de 10 a 15 minutos. Añadir la leche de coco y hervir a fuego lento 10 minutos. Retirar del fuego y servir.

DISFRUTA

CHILES AL FRESCO

Otra de las favoritas de mi casa. Mi madre cocina unos chiles sanos, reconfortantes y sabrosos. Me gusta condimentarlos con un poco más de efecto de lo que acostumbramos en el Medio Oeste, de modo que añade tanto fuego como te plazca. En cualquier caso, te calentarán por dentro y por fuera.

PARA 2 RACIONES

1 cucharada de aceite de oliva

1 cebolla roja troceada

2 dientes de ajo picados

2 pimientos morrones troceados

1 cucharada de azúcar moreno

1 cucharada de chile en polvo

1 cucharada de comino molido

1 cucharada de orégano seco

1 cucharadita de sal marina

1 cucharadita de pimienta negra

1 cucharada de salsa picante

1 cucharadita de copos de pimiento morrón

1 jalapeño troceado

4 tomates troceados

1 taza de alubias negras hervidas

1 taza de alubias rojas hervidas

1 taza de alubias pintas hervidas

En una cacerola grande, añadir el aceite, la cebolla, el ajo y los pimientos morrones troceados y calentar a fuego medio unos 5 minutos, removiendo de cuando en cuando.

Añadir el resto de los ingredientes y llevar a ebullición. Reducir el fuego y cocer a fuego lento 30 minutos. Retirar y servir.

DISFRUTA

LENTEJAS PEREZOSAS

La exquisitez de las sopas caseras de mi madre siempre fue un enigma maravilloso. Desde su preparación de las verduras troceadas y la selección de especias hasta los primeros aromas apetitosos del plato según este se iba cocinando, el proceso de elaboración de las sopas me dejaba con la impresión de que era algo increíblemente complicado. Ahora que mi madre me pasa simplemente las recetas de los platos que eran tan básicos en mi niñez, el enigma se ha desvelado un poco, pero la magia continúa siendo la misma. Veo lo sencillo y rentable que puede ser comer bien. Para mí tiene sentido haber recreado este estilo de cocina sola desde mis primeros años en Nueva York antes de regresar a la fuente original. Gracias, mamá, por tus Lentejas perezosas.

PARA 2 RACIONES

1 cebolla roja grande troceada

3 zanahorias cortadas en taquitos

3 tronchos de apio cortados en taquitos

2 cucharadas de aceite de oliva

4 tazas de caldo de verduras

2 tazas de lentejas bien enjuagadas

2 hojas de laurel

1 cucharadita de cilantro molido

1 cucharadita de estragón seco

½ cucharadita de curry en polvo

1 cucharadita de copos de pimiento morrón

1 cucharadita de sal marina

En una cacerola grande, saltear la cebolla, las zanahorias y el apio en el aceite de oliva hasta que la cebolla se dore.

Añadir el resto de los ingredientes a la cacerola. Agregar agua si se necesita para cubrir las verduras y las lentejas completamente.

Llevar a ebullición y cocer a fuego lento 20 minutos.

DISFRUTA

SOPA DE VERDURAS Y FIDEOS DE ARROZ

Siento como si hubiera descubierto la magia de los fideos de arroz muy tarde, pero ahora me alegra estar al día. Las culturas asiáticas me han interesado desde siempre. La regularidad de la conexión cuerpo-mente, la prioridad de cuidarse a sí mismo y, por supuesto, la simplicidad y la nutrición de las comidas tienen muchísimo sentido para mí. En el transcurso de mis viajes, y en Nueva York, mientras exploro los puestos de sopa de fideos y todo tipo de restaurantes de cocina-fusión del sureste asiático, mi interés se ha ido convirtiendo en una obsesión. Mis amigos que viven al otro lado del planeta conocen mi curiosidad y mi interés, y me llevan a esos lugares para iniciados que yo no podría encontrar jamás por mí misma dando vueltas por las calles.

La última vez que estuve en Malasia, mi amiga Moon me llevó atravesando una calle del mercado a un callejón trasero, pasamos tras una cortina de plástico y llegamos a un escenario en el que creí que quizá podría enrollarme con un mogwai en el que acurrucarme. Probamos un sencillo plato de fideos de arroz sin más y una salsa alucinante y especiada llamada *chee cheong fun*. Yo siempre me apuntaré a todo lo que lleve la palabra *fun* (diversión) en el nombre. He intentado recrear este plato desde aquel mismo día y creo que al final lo tengo, pero he añadido varias verduras para hacer de él más una comida que un tentempié.

PARA 2 RACIONES

100 gr de fideos de arroz

1 cucharada de mantequilla sin lácteos

½ cebolla roja troceada

2 dientes de ajo troceados

3 zanahorias troceadas

1 boniato troceado

2 cucharadas de salsa hoisin

1 cucharada de salsa picante

1 pimiento rojo o naranja troceado

1 manojo de col rizada o de espinacas troceado

Poner a hervir 2 tazas de agua en una cacerola mediana.

Añadir los fideos de arroz y cocer 5 minutos. Escurrir y reservar.

En una cacerola mediana añadir la mantequilla sin lácteos y la cebolla. Saltear hasta que la cebolla empiece a dorarse.

Añadir el ajo y saltear unos momentos.

Agregar 4 tazas de agua y mezclar bien.

Añadir las zanahorias, el boniato y las salsas. Llevar a ebullición y cocer a fuego lento 15 minutos.

Añadir el pimiento y la col rizada. Cocer a fuego lento 20 minutos.

Agregar los fideos ya cocidos y remover continuamente durante 1 minuto.

Retirar del fuego y servir.

DISFRUTA

SOPA DE VERDURAS DE LA GRANJA DE LA ABUELA

Las visitas a casa de la abuela se centran siempre alrededor de la comida. Tanto si es hora de una gran cena como si los parientes van de visita, siempre hay algo que mordisquear al alcance de la mano. Una vez que empecé a recibir a mis amigos en mi hogar de Nueva York, me di cuenta no solamente de la necesidad de alimentar a la gente a sus horas, sino también de lo emocionante que es tener siempre disponible un buen repertorio de platos caseros. La comida mantiene involucrados a los grupos y aporta otra razón –además de la buena compañía, por supuesto– para reunirse. Cuando la comida se acaba es casi la hora de irse. Ahora tiene sentido que siempre haya tanta variedad de platos, guarniciones y postres apetitosos en la mesa de la abuela. Ella nos quiere ver allí, lo que es algo encantador. Siempre somos bienvenidos y nos anima a quedarnos tanto como queramos. A nosotros también nos gusta estar allí. Nos encanta vernos unos a otros y nos encanta la comida. La sopa de verduras de la abuela es uno de mis alimentos básicos preferidos. Da justo en el clavo y me proporciona fuerzas en cualquier momento del día.

PARA 2 RACIONES

4 tazas de caldo de verduras

250 gr de fideos para pasta

1 cucharada de mantequilla sin
   lácteos

½ cebolla roja troceada

4 zanahorias troceadas

2 tronchos de apio troceados

2 tomates troceados

2 cubitos de verdura

Sal y pimienta al gusto

Poner a hervir el caldo de verduras en una cacerola mediana. Añadir los fideos para pasta y cocer 15 minutos. Calentar la mantequilla sin lácteos y la cebolla en una sartén. Saltear hasta que la cebolla esté blanda. Añadir las zanahorias, el apio, los tomates, la sal y la pimienta a la sartén. Saltear 5 minutos removiendo constantemente. Mezclar la pasta cocida, el caldo de verduras, la cebolla, las zanahorias, el apio y los tomates. Añadir los cubitos de verduras.
Cocer a fuego lento 15 minutos. Retirar del fuego y servir.

DISFRUTA

CAPÍTULO 7

ENSALADAS
Mete el tenedor

Grandes ensaladas con aliños frescos y sabrosos

me vienen a la mente cuando me pongo a ensoñar sobre mi almuerzo ideal. En mi pueblo de Illinois, la abuela hará su mayor despliegue para el almuerzo, porque mis tíos, muchos de los cuales son granjeros, se levantan antes de romper el día y se toman un descanso para el almuerzo cuando el sol se encuentra en lo más alto y más calienta, que es cuando están más hambrientos. En la casa de la abuela se los recibe con un gran despliegue: de todo, pan, jamón asado, macedonia de frutas y muchas verduras. Lo que más destaca allí son las ensaladas. ¡Ensaladas de zanahoria, mixtas, calientes, frías, de fideos, de gelatina, verdes y de judías! Todos los platos, ollas y sartenes de la casa están hasta arriba y se extienden por la mesa sin dejar espacio alguno sin cubrir. Estamos agradecidos por el festín.

He mantenido vivo este espíritu desde que me mudé a Nueva York, aunque intentando adaptar las comidas a una vibración más de ciudad: ensaladas de humus, ensaladas de verduras finamente troceadas con ligeros aliños de aceite de oliva y macedonias de frutas se extienden por la mesa de la cocina de mi apartamento del centro. Allí de donde vengo, consumir la mayor comida alrededor del mediodía tiene todo el sentido del mundo, dado el horario de la gente, su carga de trabajo y sus circunstancias. Disfrutar de una comida buena, abundante y sustanciosa a mitad del día tiene mucho sentido para mí también, incluso en la ciudad. Cuando dispongo de tiempo, o mejor, cuando saco tiempo de mi horario, me gusta comer de esta manera.

Tanto si estás preparando comidas para una familia de granjeros polvorientos como si lo haces para tu familia, tus hijos, tus amigos o para ti mismo, espero que te entusiasmes y te satisfagas con lo que va de mi mesa a la tuya. La próxima vez que te comas el almuerzo, quédate un rato más.

ENSALADA ENREVESADA DE DIJON

Cuando empecé a sanar de veras con la cocina, me vi a mí misma con montones de verduras frescas. Esto podría haber sido una oportunidad emocionante, o un gran aburrimiento, dependiendo de cómo mirase uno a aquellas verduras. Como no soy aficionada ni a lo aburrido ni a lo insípido, me decidí a hacer experimentos con mis propios aliños. Los del supermercado estaban demasiado llenos de conservantes, azúcares y otras porquerías que, para empezar, anulaban lo de comerse todas aquellas verduras. Tenía que haber una manera mejor. La ensalada enrevesada de Dijon es una de esas «maneras mejores» favoritas. La como varias veces por semana.

PARA 2 RACIONES

- 2 cucharadas de aceite de oliva
- 4 cucharadas de vinagre balsámico
- 1 cucharada de mostaza de Dijon
- 3 golpes de salsa picante
- 3 cm de jengibre fresco en rodajas
- El zumo de ½ limón
- El zumo de ½ lima

- 1 taza de rúcula
- 1 taza de espinacas frescas ligeramente cortadas
- 1 troncho de apio troceado
- ½ taza de brécol troceado
- ½ pimiento morrón troceado
- ½ aguacate deshuesado y troceado
- 2 cucharadas de cacahuetes troceados

Mezclar el aceite de oliva, el vinagre balsámico, la mostaza de Dijon, la salsa picante, el jengibre, el limón y la lima en un cuenco pequeño, batiendo hasta que esté cremoso para el aliño.

Mezclar la rúcula, las espinacas, el apio, el brécol y el pimiento en un cuenco grande. Añadir el aliño de Dijon a la ensalada y remover hasta que todo esté bien distribuido. Cubrir con el aguacate y los cacahuetes.

DISFRUTA

ENSALADA CREMOSA DE ALMENDRAS Y CURRY

Hace poco que pasé un fin de semana relámpago en la India: Bangalore, Bombay y Nueva Delhi en solo unos pocos días. Fui allí a instruir a una cosecha nueva de instructores de Strala, pero, por supuesto, yo buscaba también el sentido de la vida y la mejor manera de servir en ella, como uno hace en la India.

Espero ir a ese país al menos una vez al año para visitar a los amigos y disfrutar de la amabilidad que tiene el corazón de su cultura. Mostrarse a uno mismo y a su corazón con regalos de comida es una clase especial de alimento que quiero tener en mi vida, vaya a donde vaya en el mundo.

Esta ensalada india de curry está repleta de mis ingredientes de la infancia, como la mostaza de Dijon y la mantequilla de almendras; creo que es justo decir que tengo un poco de obsesión con esta. Si el plato la lleva, siempre me apunto. Tengo más de cinco clases de mantequilla de almendras en mis alacenas en todo momento. Me encanta experimentar para hacer la mía y con frecuencia me veo mirando fijamente la sección frutos secos-mantequilla del supermercado con asombro. La unto en tostadas y frutas, la horneo en galletas, la utilizo en el glaseado de las tartas, la empleo en salsas para muchos platos, hasta sobre la pasta. Lo sé, me pongo muy pesada con la mantequilla de almendras, pero todavía no he decepcionado a ninguna barriga hambrienta. ¡De modo que no juzgues esta combinación hasta haberla probado!

PARA 4 RACIONES

3 cucharadas de mantequilla de almendras

1 cucharadita de copos de pimiento morrón

¼ de taza de leche de almendras o coco

4 golpes de salsa picante

½ pimiento morrón troceado

3 cm de jengibre fresco en rodajas

½ cucharada de mostaza de Dijon

Ensaladas

- 1 taza de col rizada troceada
- 1/8 de taza de arándanos
- 2 zanahorias en tiras
- 2 tronchos de apio troceado
- ½ taza de judías verdes troceadas

Mezclar la mantequilla de almendras, los copos de pimiento morrón, la leche de almendras o coco, la salsa picante, el pimiento morrón, el jengibre en rodajas y la mostaza de Dijon en una batidora potente para crear el aliño.

Mezclar la col rizada, los arándanos, las zanahorias, el apio y las judías verdes en un cuenco grande.

Añadir el aliño de almendra a la ensalada y remover hasta que todo esté bien repartido.

DISFRUTA

ENSALADA RANCHERA FRÍA

Una vez fui una acaparadora de aliños comerciales para ensalada, hasta tal punto que atiborré mi frigorífico de montones de botellas medio vacías que estaban más que caducadas. Muy en el fondo, sabía que algo tenía que cambiar. Al final me espabilé y juré que nunca más compraría otra botella desechable llena de conservantes y añadidos. Esa decisión llevó a poner al día mi batidora y a una exploración de aliños y salsas. Descubrí enseguida que los aliños no son solamente más sanos cuando los preparaba yo misma, sino que eran más frescos y sabían muchísimo mejor. De manera que mando este mensaje a todos esos escépticos que hay por ahí que siguen creyendo que las cosas compradas en la tienda son mejores: dale una oportunidad a tu batidora y apuesto a que harás un poco más de sitio en tu frigorífico para lo bueno. Creo que si podemos hacer que se conozcan los aliños rancheros saludables, es posible que el mundo se volviera «ensaladariano».

PARA 4 RACIONES

1 taza de anacardos

¼ de taza de leche de almendras o de coco

1 cucharada de sirope de arce

El zumo de ½ limón

El zumo de ½ lima

¼ de cebolla roja en rodajas

1 diente de ajo

De 1 a 3 ramitos de perejil

1 cucharadita de eneldo

¼ de cucharadita de sal marina

¼ de cucharadita de pimienta negra

1 taza de lechuga romana troceada

4 rabanitos en rodajas

¼ de pepino en rodajas

1 troncho de apio troceado

1 zanahoria troceada

½ pimiento morrón troceado

Mezclar los anacardos, la leche de almendras o de coco, el sirope de arce, los zumos de limón y de lima, la cebolla, el ajo, el perejil, el eneldo, la sal y la pimienta para crear el aliño. En un cuenco grande, mezclar la lechuga romana, los rabanitos, el pepino, el apio, la zanahoria y el pimiento morrón. Añadir el aliño a la ensalada y removerlo todo hasta que esté bien repartido.

DISFRUTA

ENSALADA DE MANGO DE MALASIA

Esta mezcla de mango, una de las preferidas de mi amiga Erna Malia y ahora también favorita mía en Nueva York, es increíblemente sustanciosa y está llena de sabores intensos. Es engañosamente fácil, se puede convertir en una comida impresionante para los invitados y llega con la tentadora y exótica cultura del sureste de Asia.

PARA 2 RACIONES

1 mango verde pequeño troceado

5 cebolletas troceadas

¼ de taza de chiles picantes troceados

½ pepino en rodajas

El zumo de 1 lima

2 cucharadas de azúcar moreno

1 cucharada de aceite de sésamo

1 cucharada de salsa de soja

2 cucharadas de cacahuetes troceados

1 pellizco de pimienta negra

En un cuenco grande, mezclar todos los ingredientes y remover hasta que todo esté bien repartido.

DISFRUTA

INVASIÓN DE COL RIZADA

La col rizada ha invadido las mentes de los preocupados por la salud. No hay duda alguna del superpoder de la gran C. Lo único que nos echa para atrás es lo abrumadora que parece una gran pieza de col rizada. Una hoja de col rizada es enorme y se parece más a una planta ornamental que a un ingrediente de ensaladas. Sin embargo, una vez que estás en ello y aprendes la magia de masajear la col rizada, esas cositas se domestican enseguida y están preparadas para saltar a tu torrente sanguíneo y energizarte por dentro y por fuera. Si todavía no has tenido el placer de darle un buen masaje a la col rizada, te aviso: este acto tan íntimamente culinario hará que te acuerdes siempre de la primera vez que lo diste.

PARA 2 RACIONES

3 tronchos de col rizada, troceados

½ limón

2 tronchos de apio

¼ de pimiento naranja troceado

¼ de pimiento verde troceado

¼ de pimiento amarillo troceado

1/8 de taza de pasas

½ aguacate, deshuesado y troceado

Colocar la col rizada en un cuenco grande y exprimir el zumo de limón sobre ella. Amasarla hasta que encoja un poco, unos 2 minutos.

Añadirle el apio, los pimientos, las pasas y el aguacate, mezclando bien todos los ingredientes.

DISFRUTA

ENSALADA TAILANDESA DE PAPAYA

Este es otro plato inspirado por el sureste de Asia y por mi amiga Erna, a quien conocí en una clase de yoga que yo daba en Kuala Lumpur sobre un helipuerto. Según voy viajando, me siento cada vez más fascinada por la variedad y la singularidad de las especias según el lugar y la cultura. Una de mis exploraciones favoritas es sobre la gama de sabores, especias y placeres que las culturas del sureste asiático aportan a sus frutas y verduras. Esta ensalada tailandesa de papaya es una de mis golosinas favoritas.

PARA 2 RACIONES

1 o 2 chiles picantes

2 dientes de ajo

2 tazas de papaya verde en tiras

2 cucharadas de cacahuetes tostados y troceados

1 o 2 tronchos de judías largas, cortados en largos diferentes

El zumo de ½ lima

1 cucharada de salsa de soja

Azúcar moreno al gusto

Majar los chiles y el ajo en un mortero.

Añadir los demás ingredientes y mezclarlos bien.

DISFRUTA

ENSALADA DE ARANDÚCULA

Inventarse nombres para los platos es un entretenimiento muy divertido. Arandúcula es un nombre inventado que se me ocurrió para describir el arándano, la rúcula y las nueces como los ingredientes destacados de esta ensalada. Esta es mi respuesta saludable a la ensalada Waldorf, que normalmente viene ahogada en mayonesa. Mi versión simplificada es superexquisita y te dejará sintiéndote revitalizado.

PARA 2 RACIONES

2 cucharadas de vinagre balsámico

1 cucharada de aceite de oliva

2 golpes de salsa picante

½ cucharada de levadura nutricional

1 pellizco de sal marina

1 cucharadita de copos de pimiento morrón

½ cucharadita de pimienta negra

½ taza de arándanos

4 tazas de rúcula

½ taza de nueces

En un cuenco pequeño, mezclar el vinagre balsámico, el aceite de oliva, la salsa picante, la levadura nutricional, la sal y los copos de pimiento morrón, removiendo hasta que esté suave para crear el aliño.

Mezclar los arándanos, la rúcula y las nueces. Añadir el aliño a la ensalada y remover hasta que todo esté repartido por igual.

DISFRUTA

ENSALADA VIEQUES

Tengo el duro trabajo de pasar tiempo en algunos de los lugares más bellos del mundo, aprendiendo de asombrosos chefs la cocina local y global. Cuando estaba en el hotel W de Vieques preparando un programa Strala, así como algunos platos saludables del menú del hotel, aprendí un poco de la cocina puertorriqueña: superdeliciosa, pero un poco pesada para mis necesidades diarias. Después de enredar por la cocina un poco, el chef Fernando y yo salimos con una ensalada en colaboración. La ciudad de Nueva York se une a la isla de Vieques: cremosa, crujiente y nutritiva. Te dejará con una sensación fantástica. ¡Y puedes prepararla en un momentito de Nueva York! (o sea, en un instante).

PARA 2 RACIONES

4 tazas de espinacas

1 pimiento morrón troceado

1 aguacate deshuesado y troceado

1 taza de crujientes de plátano

3 cucharadas de vinagre balsámico

4 golpes de salsa picante

1 cucharada de mostaza de Dijon

Mezclar todos los ingredientes en un cuenco grande.

DISFRUTA

POPEYE CARAMELIZADO DE ALMENDRAS

Me han obsesionado las espinacas desde que tengo memoria. Siempre me han hecho sentir fantásticamente y siempre me ha gustado su sabor. Sé que era una niña muy rara. También sentía el deseo de ser fuerte, de manera que todo el tiempo estaba probando cosas para fortalecerme. Comer como Popeye era uno de los objetivos de mi lista de quehaceres diarios. Disfruta con esta golosina de ensalada, dulce y refinada.

PARA 2 RACIONES

1 cucharada de aceite de coco

1 cucharada de sirope de arce

1 taza de almendras

1 pellizco de sal marina

4 tazas de espinacas

1 aguacate deshuesado y troceado

3 o 4 tomatitos cherry cortados por la mitad

1 cucharada de vinagre balsámico

1 cucharada de aceite de oliva

3 golpes de salsa picante

1 cucharada de levadura nutricional

Precalentar el horno a 180 grados.

Mezclar el aceite de coco y el sirope de arce.

Recubrir las almendras con la mezcla de coco y sirope de arce y eliminar el exceso de líquido con unos golpecitos.

Colocar las almendras en una bandeja para el horno y rociarles la sal marina.

Hornear de 10 a 15 minutos, hasta que se tuesten.

En un cuenco grande, mezclar las espinacas, el aguacate, los tomates y las almendras asadas.

En un cuenco pequeño, mezclar el vinagre balsámico, el aceite de oliva y la salsa picante, removiendo hasta que esté suave para hacer el aliño.

Añadir el aliño a la ensalada y remover hasta que todo esté bien repartido.

Cubrir con la levadura nutricional.

DISFRUTA

VERANO FRESCO Y ESPECIADO

Una de mis épocas preferidas es el verano de Nueva York. La gente está contenta, relajada y haciendo siempre planes para pasar el fin de semana en la playa. Los viernes de verano están a toda marcha y todo el mundo sale fuera a disfrutar del buen tiempo y de las ferias callejeras. Me encanta pasar el rato en mi balcón (o sea, en la salida de incendios) y deleitarme con mis ensaladas de verano preferidas mientras observo a la gente abajo, en las calles. Esta ensalada concreta nació después de que me comprase un cuchillo superafilado, por puro capricho. Rebanar y trocear mis verduras como una profesional cambió completamente mis experiencias con las ensaladas. Esta que te presento ahora es soberbia por sí misma y sabe condenadamente bien en bocadillo.

PARA 2 RACIONES

1 tomate troceado

4 aceitunas

2 cucharadas de leche de almendras

1 cucharada de aceite de coco

1 cucharada de humus

1 cucharada de aceite de oliva

1 cucharada de mostaza de Dijon

4 rabanitos en rodajas

1 manojo de espinacas troceadas

½ pepino troceado

½ guindilla troceada

1 pita tostada y troceada

1 puñado de sandía troceada

Mezclar la mitad del tomate con las aceitunas, la leche de almendras, el aceite de coco, el humus, el aceite de oliva y la mostaza de Dijon para hacer el aliño.

En un cuenco grande, mezclar los rabanitos, el resto del tomate, las espinacas, el pepino, la guindilla, la pita y la sandía.

Añadir el aliño a la ensalada y remover hasta que todo esté bien repartido.

DISFRUTA

CAPÍTULO 8

BOCADILLOS Y TACOS
Agárralos

LOS bocadillos y los tacos pueden ser una solución perfecta cuando ataca el hambre a mediodía. Se preparan rápidamente y son fáciles de engullir y, aunque tienen una reputación bastante mala de ser poco saludables, es realmente fácil hacerlos nutritivos y deliciosos. Muchos de los bocadillos que he descubierto mientras creaba en la cocina han salido de las sobras de verduras y del deseo de un poco más de sustancia (y de portabilidad) de lo que las ensaladas pueden ofrecerme. Démosles a nuestros amigos «bocadillo y taco» una nueva reputación lejos de los enigmáticos días en que venían envueltos en plástico a su actual y sorprendente potencial saludable. ¡Disfruta!

BOCADILLO DE CREMA DE RABANITOS Y ESPINACAS

Recuerdo el día que vi que necesitaba comprar un cuchillo superafilado para mi cocina. Me estaba metiendo de veras en trocear y cocinar verduras y me preguntaba lo creativa que podría ser si pudiera cortarlas en rebanadas finísimas, al estilo de la alta cocina. Me pasé por una tienda cercana y descubrí una pequeña zona en la parte de atrás, donde un ninja de los cuchillos hacía demostraciones rebanando zanahorias. Le manifesté mi gran deseo de tener enseguida un cuchillo afilado. Supe que estaba en el lugar adecuado cuando me sonrió como si yo estuviese un poco chiflada, pero de una manera simpática. Desde ese día me he enganchado. Muchos descubrimientos de ensaladas y bocadillos provienen de la habilidad de rebanar alimentos que luego puedo envolver. Las zanahorias y los rabanitos eran los primeros de la lista. La deliciosa crema de rabanito nació de poner a trabajar cuidadosamente a mi nuevo cuchillo.

PARA 1 RACIÓN

- 3 cucharadas de humus
- 1,5 cm de jengibre fresco troceado
- ½ cucharadita de curry en polvo
- El zumo de ½ limón
- 1 cucharada de aceite de oliva
- 1 cucharada de aceite de coco
- 3 golpes de salsa picante
- ½ cucharada de mostaza de Dijon
- 1 cucharada de levadura
- 1 manojo de espinacas troceadas
- 1 seta cremini en rodajas
- 1 zanahoria en rodajas
- 1 rabanito en rodajas
- 2 rebanadas de pan de cereales germinado

En un cuenco pequeño, mezclar el humus, el jengibre, el curry en polvo, el limón, los aceites, la salsa picante, la mostaza de Dijon y la levadura nutricional y remover hasta que esté suave para hacer el aliño. Mezclar las espinacas, la seta, las zanahorias y el rabanito en un cuenco grande. Añadir la mezcla de humus a las verduras y remover hasta que todo quede bien repartido. Aplicar la mezcla en una capa homogénea sobre las rebanadas de pan.

DISFRUTA

HAMBURGUESA VEGETAL FIRME

En la tierra de las hamburguesas vegetales hay pocas cosas peores que una hamburguesa blanda. En la búsqueda constante por encontrar lugares diferentes donde probar distintos combinados de hamburguesas vegetales, la vencedora es sustanciosa, de consistencia bastante sólida y un poco crujiente por fuera. Esta versión «hágalo usted mismo» es supersencilla de preparar en casa y siempre sale bien hecha.

PARA 2 RACIONES

- 2 tazas de judías negras
- 1 taza de lentejas cocidas
- 1 taza de pan rallado
- 1 sustituto de huevo
- 5 golpes de salsa picante
- 1 cucharada de levadura nutricional
- 1 cucharadita de cúrcuma
- 1 cucharadita de copos de pimiento morrón
- 1 cucharada de aceite de oliva
- 1 cucharadita de sal marina
- 1 cucharadita de pimienta negra
- 2 bollos para hamburguesa
- 2 piezas de lechuga iceberg (optativo)
- ½ tomate en rodajas (optativo)
- 2 cucharadas de ketchup (optativo)
- 2 cucharadas de mostaza de Dijon (optativo)
- ½ taza de pepinillos en salazón (optativo)

Precalentar el horno a 180 grados. En un cuenco grande, machacar las judías y las lentejas con un tenedor. Añadir lentamente el pan rallado, el sustituto de huevo, la salsa picante, la levadura nutricional y las especias (menos la sal y la pimienta). Mezclar todo bien. Enfriar 10 minutos en el frigorífico. Sacarlo después de enfriarlo y formar dos pastelillos de 200 gr.

Colocar los pastelillos en una bandeja para horno con aceite de oliva y aderezarlos con la sal y la pimienta negra.

Hornear los pastelillos durante 20 minutos, dándoles la vuelta a los 10.

Servir sobre los bollos y cubrir con la lechuga, el tomate, el kétchup, la mostaza de Dijon y los pepinillos, si se desea.

DISFRUTA

TACOS DE SETAS

Los tacos están entre mis superfavoritos. Probablemente tenga algo que ver con vivir en el centro de Nueva York y estar cerca de tantos puestos de tacos increíbles. En el verano sustituyo el salir a tomar café o té por citas con los tacos. Me obsesionan las salsas especiadas que se utilizan en lugares diferentes. Hay una furgoneta de comida que frecuento que llama a su famosa salsa «salsa rajada», que estoy segura de que es una combinación refinada de aliño Mil Islas, salsa picante y ciertos trucos secretos. Los tacos tienen la cobertura y la capacidad de mantener el humor en una satisfactoria comida seria. Espero que te guste este, que es mi versión favorita del taco de setas y que preparo regularmente en casa.

PARA 2 RACIONES

1 tomate

4 golpes de salsa picante

1 cucharadita de copos de pimiento morrón

1 cucharada de mostaza de Dijon

1 cucharadita de levadura nutricional

1 cucharadita de mayonesa vegana

¼ de cebolla roja en dados

1 cucharada de mantequilla sin lácteos

¼ de taza de apio en dados

¼ de taza de cilantro en dados

1 puñado de setas shiitake troceadas

2 cucharadas de arroz hervido

2 cucharadas de judías negras hervidas

2 tortitas de maíz

Mezclar el tomate, la salsa picante, los copos de pimiento morrón, la mostaza de Dijon, la levadura nutricional y la mayonesa vegana hasta que se forme una mezcla suave. Reservar.

En una cacerola mediana, saltear la cebolla en la mantequilla sin lácteos a fuego medio hasta que esté blanda y dorada.

Añadir el apio y el cilantro y remover para mezclar.

Agregar las setas, el arroz y las judías, removiendo continuamente.

Añadir a la cacerola la mitad de la mezcla del tomate y remover hasta que todo esté b en mezclado y caliente.

En una sartén, calentar las tortitas 30 segundos.

Envolver la mezcla de las setas con las tortitas.

Cubrir los tacos con la mezcla de tomate que quede.

DISFRUTA

TOSTADA DE LA ISLA DEL PARAÍSO

Tengo suerte por poder viajar tanto. Siempre he querido tener amigos en todo el mundo, me encanta la idea de la conexión universal. En mis viajes he averiguado que existen muy pocas diferencias entre la gente y que es reconfortante ver las ideas universales del amor y del contacto expresadas a través de las diferentes culturas. Expresarse uno mismo por medio de la comida es una aventura bastante fácil de emprender en la cocina de tu casa. Cuando estoy metida en la ciudad durante demasiado tiempo y me entra el anhelo de las islas, en lugar de ser una holgazana, me preparo unas tostadas de la Isla del Paraíso y aporto la magia y el color de la vida isleña a mis días urbanos.

PARA 1 RACIÓN

2 cucharadas de humus

1 tomate

3 golpes de salsa picante

½ taza de leche de almendras o de coco

El zumo de ½ limón

2 tazas de espinacas troceadas

2 rebanadas de pan

Para hacer el aliño, mezclar el humus, el tomate, la salsa picante, la leche de almendras o de coco y el zumo de limón hasta que esté suave.

Mezclar las espinacas con el aliño.

Para preparar el bocadillo, tostar el pan y untar la mezcla en él.

DISFRUTA

TOSTADA DE LA TORRE DE TOFU

La ciudad de Nueva York está llena de muchísimos restaurantes que representan cualquier cocina que le guste a uno. Ahora que ya llevo tantos años en la búsqueda de la salud, siempre ando a la caza de alternativas estupendas y frescas que tengan sabor. Me veo a mí misma creando mis propias comidas en buenos restaurantes, donde pido varias guarniciones y las amontono formando una especie de entrante. La idea de la Torre de Tofu salió de un desayuno-almuerzo en el que pedí verduras, tofu y tostadas, a la vez que robaba guarniciones de los platos de mis amigos. Estaba tan contenta con mi invento que empecé a recrearlo en casa.

PARA 1 RACIÓN

1 cucharada de salsa de soja

1 cucharada de sirope de arce

1 cucharadita de copos de pimiento morrón machacados

1 cucharadita de pimienta negra molida

3 rodajas de tofu, escurrido y secado

2 rebanadas de pan de masa fermentada

2 hojas de lechuga

6 pepinillos en salazón

½ tomate en rodajas

1 cucharada de mostaza de Dijon

Precalentar el asador –que una de las parrillas esté a 15 cm del fuego.

Mezclar la salsa de soja, el sirope de arce y las especias en una fuente para horno. Pasar las rodajas de tofu a la fuente y remover bien hasta que esté cubierto con la mezcla.

Asar el tofu 5 minutos por cada lado, en total 10 minutos.

Tostar el pan de masa fermentada en el asador un par de minutos.

Formar el bocadillo con el pan, el tofu, la lechuga, los pepinillos, el tomate y la mostaza de Dijon.

Rociar la salsa de soja marinada por encima y cubrir con la segunda rebanada de pan.

DISFRUTA

CAPÍTULO 9

GUARNICIONES
Pequeños platos

Las guarniciones son en realidad como pequeñas raciones de algo estupendo que pueden emparejarse fácilmente con unos cuantos amigos para una comida increíble. No es justo apartar estas bellezas al borde del plato, cuando siempre están listas para ser el centro de atención. Todos tenemos nuestras guarniciones preferidas que podemos combinar para que se transformen fácilmente en toda una comida. Desde la primera vez que estuve en un bufet en una reunión familiar, cuando casi no era lo bastante grande como para sostener el plato y servirme sola, he sido una gran aficionada a combinar puré de patatas, espinacas y judías hervidas para componer una comida completa. Las guarniciones siempre me parecen lo más apetitoso. Es muy divertido llenar el plato con ellas, sobre todo en esos prácticos platos de plástico que tienen pequeñas divisiones para todo. Te animo a que no subestimes el poder de las guarniciones. Podrías descubrir unas cuantas cosas favoritas más, de las que querrás preparar gran cantidad para la semana y para acompañar a tu comida equilibrada y completarla.

CEVICHE ARCOÍRIS

Este ceviche arcoíris lo inspiró el chef Javier, del hotel W en Vieques (Puerto Rico). Allí yo dirigía un retiro, que también incluía clases de cocina sana, y aprendimos a preparar su ceviche arcoíris, que se había inspirado en *La no-dieta: sigue tus propias reglas*, fusionado con el estilo de vida de Vieques y sus experiencias por el mundo. Javier, que es originalmente de Puerto Rico, se ha pasado muchos años en Nueva York aprendiendo la cocina japonesa y trabajando de chef en Nobu. Eso explica su amor por fundir colores y especias y la atención que tiene al diseño y al detalle. ¡Me atraen tanto sus creaciones del W de Vieques!

PARA 2 RACIONES

El zumo de 1 lima

El zumo de 1 limón

¼ de taza de aceite de oliva

1 cucharadita de shichimi togarashi (especia)

½ ají amarillo (pimiento picante peruano) o 1 cucharadita de ají amarillo en polvo

1 taza de garbanzos

1 taza de brécol troceado

1 pimiento rojo o naranja troceado

3 rabanitos troceados

¼ de pepino troceado

2 zanahorias troceadas

Mezclar los zumos de limón y de lima, el aceite de oliva, la shichimi togarashi y el ají amarillo hasta que la mezcla esté suave.

En un cuenco grande, mezclar los garbanzos y las verduras con la salsa anterior.

Enfriar en el frigorífico al menos 1 hora.

DISFRUTA

PURÉ DE AJO

En las reuniones familiares yo era la niña que se llenaba el plato con guarniciones y se saltaba el plato principal. Me encantaba el estilo bufet, porque a la hora de comer una gran variedad de posibilidades estaba en juego. Eso era asombroso de niña. Generalmente, te ponían delante el plato y te comías lo que hubiera en él, pero en el bufet era yo quien decidía. Casi siempre elegía puré de patatas, judías cocidas y espinacas. Supongo que en el fondo soy una chica de guarniciones. Este puré de ajo es una versión actualizada de lo que solía apilar en mi plato en las reuniones familiares. Las cocineras del Medio Oeste no son conocidas por utilizar mucho ajo y especias, nos gusta hacer las cosas supersencillas y que se conserve el sabor natural de los alimentos. Al vivir en la gran ciudad y viajar mucho, me he acostumbrado a que me encanten todo tipo de sabores y de especias. Saborea este sencillo y realmente apetitoso puré de ajo.

PARA 1 RACIÓN

4 patatas troceadas

4 dientes de ajo troceados

½ taza de leche de almendras

2 cucharadas de mantequilla sin lácteos

1 cucharada de sirope de arce

4 golpes de salsa picante

1 cucharada de copos machacados de pimiento morrón

1 cucharadita de curry en polvo

1 cucharadita de pimienta negra machacada

1 pellizco de sal marina

Precalentar el horno a 180 grados.

En una olla grande llena de agua, hervir las patatas 10 minutos, o hasta que estén tiernas. Escurrir y reservar.

Asar los ajos en una bandeja para horno 10 minutos, o hasta que se doren.

En un cuenco grande, machacar las patatas.

Añadir la leche de almendras, la mantequilla sin lácteos, el sirope de arce, la salsa picante, las especias y el ajo asado. Mezclar bien.

Servir inmediatamente.

DISFRUTA

ESPINACAS, ARROZ Y JUDÍAS

Está claro que esta guarnición puede ser una comida por sí misma. He disfrutado de ella muchas veces en casa los días laborables y los de hacer el vago. Siempre es muy satisfactoria y exquisita.

PARA 1 RACIÓN

3 dientes de ajo

1 cucharada de aceite de oliva

4 tazas de espinacas frescas

1 taza de arroz hervido

1 taza de judías negras hervidas

4 golpes de salsa picante

1 cucharadita de curry en polvo

1 cucharadita de copos de pimiento morrón

1 cucharadita de pimienta negra

1 pellizco de sal marina

En una cacerola mediana, saltear el ajo en el aceite de oliva.

Añadir las espinacas y remover continuamente hasta que empiecen a cocinarse.

Añadir el arroz, las judías, la salsa picante y las especias. Remover continuamente hasta que todo esté bien mezclado y caliente.

DISFRUTA

MAÍZ ASADO AL COCO

Cuando era niña, en Illinois se celebraban festivales enteros dedicados al maíz. Había desfiles con la reina elegida, bandas de música en cada esquina, niños vestidos de espantapájaros y montones de mazorcas de maíz. La mayor parte del maíz que se cultiva en Illinois no es para el consumo humano. Algo llamativo: la granja de mi familia vende el maíz que se cultiva en ella para que se utilice como plástico en los parabrisas de los automóviles. Las mazorcas del festival provienen mayoritariamente de los huertos locales y de las tiendas de alimentación. De adulta apenas puedo resistirme a una mazorca de maíz asada cuando la veo en el menú o en un bufet. Se puede alejar a la chica de la granja, pero no se puede alejar la mazorca de maíz de la chica. Disfruta de esta versión al coco que me gusta preparar en otoño para deslumbrar a mis amigos, cuando nos reunimos alrededor de la mesa de la cocina y compartimos anécdotas de los días en los campos de maíz del Medio Oeste.

PARA 2 RACIONES

1 taza de coco fresco troceado

½ taza de mantequilla sin lácteos

1 cucharada de pimienta negra

1 cucharada de copos machacados de pimiento morrón

1 pellizco de sal marina

2 mazorcas de maíz

Precalentar el asador –que una de las parrillas esté a 15 cm del fuego.

Mezclar el coco, la mantequilla sin lácteos y los condimentos hasta que la mezcla esté suave. Cubrir el maíz con la mitad de esa mezcla.

Poner el maíz en una fuente para horno y asar 10 minutos o hasta que se dore.

Darle la vuelta y asarlo del otro lado durante otros 10 minutos o hasta que se dore.

Retirar del asador y añadirle el resto de la mezcla de coco y mantequilla al maíz.

DISFRUTA

PATATAS "FRITAS" AL AJO

Las patatas fritas son tan apetitosas que en realidad no deberían prohibirse.
Admito que soy de esas personas que piden una ensalada con guarnición de patatas fritas cuando tengo la oportunidad de compartir con alguien (y, por favor, no me digas que soy la única). De niña no teníamos patatas fritas muy a menudo, así que eran un manjar muy escaso. Ahora que ya soy mayor puedo comer lo que quiera. Por supuesto, la realidad es que aunque podamos comer lo que queramos, también tenemos que habérnoslas con lo que eso nos haga por dentro. Mis patatas «fritas» al ajo caseras son un regalo exquisito y libre de culpas, crujiente y muy satisfactorio. Lo mejor de ambos mundos.

PARA 4 RACIONES

2 cucharadas de mantequilla sin lácteos

½ cucharadita de sirope de arce

2 cabezas de ajo troceadas

½ cucharada de sal marina

½ cucharada de pimienta negra

4 patatas cortados finas a lo largo

Precalentar el horno a 180 grados.

En un cuenco mediano, fundir la mantequilla y mezclarla con el sirope de arce, el ajo, la sal y la pimienta.

Remojar las patatas cortadas en la mezcla y eliminar el exceso con un papel de cocina.

Asar las patatas en una bandeja para horno 20 minutos.

Darles la vuelta y hornear otros 10-15 minutos, o hasta que estén crujientes.

Retirar del fuego y rociarles por encima el resto de la mezcla de mantequilla.

DISFRUTA

ENSALADA DE VERDURAS CON PASTA

La ensalada de pasta es otra guarnición con la nostalgia del Medio Oeste que se disfruta bien como entrante o tentempié. Me gusta jugar con diferentes posibilidades de verdura, pasta y salsas. Esta es la combinación de recurso preferida de las que he inventado hasta ahora. Me encanta servirla en las reuniones donde cada persona aporta un plato para compartir y en las cenas informales.

PARA 4 RACIONES

2 cucharadas de vinagre balsámico

1 cucharada de aceite de oliva

½ cucharada de mostaza de Dijon

½ cucharada de levadura nutricional

1 cucharadita de cúrcuma

1 cucharadita de copos de pimiento morrón

1 cucharadita de curry en polvo

4 tazas de pasta hervida

2 tallos de apio troceados

1 pimiento rojo o naranja troceado

4 setas cremini troceadas

1 patata hervida y troceada

Mezclar el vinagre balsámico, el aceite de oliva, la mostaza de Dijon, la levadura nutricional y las especias en un plato pequeño para formar el aliño.

En un cuenco mediano, mezclar la pasta y las verduras troceadas. Añadir el aliño a la ensalada de pasta y verduras y remover hasta que todo esté bien repartido.

DISFRUTA

ENSALADA DE PATATAS DE LA ABUELA GRAY

Desconozco si la abuela se inventó esta receta, o si la recibió de su madre, pero sé que estoy contenta cuando está en la mesa con su gran cucharón. Las sustanciosas patatas, acompañadas de una salsa especial, cremosa y fuerte, y justo la cantidad correcta de crujientes de apio son la personificación de la comida casera. Es la clase de plato que servirías con el plato principal y por cuyas sobras luego caminarías de puntillas al frigorífico.

PARA 4 RACIONES

4 patatas blancas
1 taza de mayonesa vegana
4 cucharadas de mostaza de Dijon
¼ de taza de leche de coco
½ taza de eneldo fresco
1 cucharadita de pimienta negra
1 cucharadita de sal
¼ de cebolla roja troceada
4 tronchos de apio troceados

En una cazuela mediana, poner a hervir 4 tazas de agua.

Añadir las patatas y cocer 10 o 15 minutos, o hasta que estén tiernas.

Retirar del fuego, escurrir y reservar. Dejar que las patatas se enfríen unos 10 minutos. Mezclar la mayonesa vegana, la mostaza de Dijon, la leche de coco, el eneldo, la pimienta y la sal en un cuenco grande. Añadir las patatas, la cebolla y el apio. Mezclarlo todo bien. Refrigerar al menos 2 horas antes de servir.

DISFRUTA

CAPÍTULO 10

PLATOS FUERTES
Platos perfectos

Hemos llegado al acontecimiento principal. Los clásicos platos de siempre que encontrarás en este capítulo, así como algunos favoritos más recientes de mis amigos de todo el mundo, han llegado a mí a través de muchas noches hambrientas. Tanto si estaba sola como en un atestado aeropuerto, o si tenía un invitado sorpresa, o una sorpresa de muchos invitados. En mi casa tenemos una política de puertas abiertas, lo que conduce a que siempre haya gente hambrienta dando vueltas cerca de ella a la hora de comer o de cenar. En mi familia esto es una tradición antigua. Mi madre, mis tías y mis abuelas siempre tenían la cocina abastecida no solamente de ingredientes frescos para hacer comidas, sino además de platos fuertes que estaban listos para servir en un momento. La comida exquisita para todos es, en parte, la razón de que la gente se quede para hacer una visita significativa. Sencillamente, se pasan por allí para saludar y luego se enamoran de una comida increíble, así que se quedan para hacer la visita un poco más larga, y, por supuesto, para probar más manjares culinarios.

Aunque vivo en Nueva York, tengo muchísimo en común con mi familia de Illinois. Tener invitados es prioridad máxima, porque crea una comunidad que le aporta el consuelo del hogar a mi agitada vida en la gran ciudad. Estar rodeada de la gente que quiero y que me quiere hace que en cualquier lado me sienta como en casa.

Lo mismo es cierto vivas donde vivas. Simplemente hay que cultivar el conocimiento de que tu hogar está abierto. Para hacerlo tienes que estar preparado. Cuando sea hora de comer, debes estar dispuesto para dar de comer no solamente a ti mismo, sino también a cualquier invitado sorpresa que aparezca. Así que saca los platos grandes, las cucharas y los tenedores y pon la mesa. ¡Es hora de comer!

SALSA PALAK DE BANGALORE

Esta receta es de mi amiga Jaya, de Bangalore. Jaya es todo alegría. Te hace caer en ataques de risa que se extenderán por todo tu ser. Es una guía Strala y una inspiración para muchísima gente. Nos conocimos en Bangalore, y yo sentí instantáneamente que era como mi hermana pequeña. Estuvo de visita varios meses en Nueva York para aprender en Strala y se pasó mucho tiempo en el estudio con un estupendo grupo de personas de todo el mundo. Ahora aporta alivio, alegría y risas a la gente que acude a sus clases en la India. Me he puesto manos a la obra con algunas de sus recetas indias favoritas para ver si podía hacerlas en mi cocina. Después de prepararlas puedo ver todavía más nuestra conexión de hermanas. Jaya y yo compartimos las mismas obsesiones: espinacas, chocolate y especias, por nombrar solo algunas. Espero que disfrutes de este plato tanto como nosotras.

PARA 4 RACIONES

½ cebolla roja en rodajas

¼ de taza de pimiento verde

1 cucharadita de aceite de oliva

1 cucharadita de pasta de jengibre

1 cucharadita de pasta de ajo

½ tomate en rodajas

3 hojas de cilantro

1 puñado de anacardos

2 chiles verdes troceados

2 manojos de espinacas escaldadas

½ taza de judías negras

1/8 de taza de zanahorias troceadas

¼ de taza de guisantes hervidos

1 ½ cucharadita de mantequilla sin lácteos

El zumo de ½ lima

En una cacerola mediana, saltear la cebolla y el pimiento en el aceite de oliva. Añadir las pastas de jengibre y de ajo, el tomate, las hojas de cilantro, los anacardos y los chiles verdes y llevar todo a ebullición.

Agregar las espinacas, las judías, las zanahorias, los guisantes y la mantequilla y cocer 5 minutos más. Cubrir con el zumo de lima recién exprimido.

DISFRUTA

PAD TAI PEREZOSO

Ha habido unos cuantos estilos culinarios para los que creí que tenía que salir de mi casa porque eran imposibles de reproducir en ella. Por supuesto, eso sucedió hasta que empecé a jugar de veras en la cocina y a ver lo que podría ocurrírseme. Me encanta salir para tomarme un pad tai, no me importa si es a un lugar sofisticado o a un tugurio. Ahora que ya he probado a hacer mi propia salsa, tampoco puedo ocultarte el secreto. Llévate la salsa de cacahuetes a casa.

PARA 2 RACIONES

120 gr de fideos secos de arroz anchos

2 cucharadas de mantequilla de cacahuete

½ taza de leche de coco

1 cucharadita de copos de pimiento morrón

4 golpes de salsa picante

3 cm de jengibre fresco pelado

2 dientes de ajo

1 ramito de perejil

Poner a hervir 2 tazas de agua en una cacerola mediana. Añadir los fideos de arroz y hervirlos 5 minutos. Escurrir y reservar.

Mezclar la mantequilla de cacahuete, la leche de coco, los copos de pimiento morrón, la salsa picante, el jengibre, el ajo y el perejil hasta que la mezcla esté suave.

Añadir la salsa de cacahuetes a los fideos de arroz y remover hasta que todo esté bien repartido.

DISFRUTA

FIDEOS CREMOSOS A LA PIMIENTA

Este plato se reveló ante mí un día que me preguntaba qué clase de salsa podría ponerle a la pasta en vez de salsa de tomate. Yo quería algo que siguiese siendo cremoso y suculento, pero sin ser demasiado pesado. Haciendo el tonto como de costumbre, encontré una salsa que continúo disfrutando en rotación. El jalapeño y los copos de pimiento morrón le dan un agradable empujoncito.

PARA 2 RACIONES

120 gr de fideos secos de arroz o de verduras mezcladas

1 pimiento morrón

½ taza de leche de coco

1 jalapeño troceado

3 cm de jengibre fresco en rodajas

1 cucharadita de copos de pimiento morrón

1 cucharadita de curry en polvo

1 cucharadita de cúrcuma en polvo

1 pellizco de sal marina

Poner a hervir 2 tazas de agua en una cacerola mediana. Añadir los fideos de arroz y cocer 5 minutos. Escurrir y reservar.

Mezclar el pimiento morrón, la leche de coco, el jalapeño, el jengibre y las especias hasta que la mezcla esté suave.

Añadir la salsa cremosa de pimienta a los fideos de arroz y remover hasta que todo esté bien repartido.

DISFRUTA

VERDURAS CON SALSA ESPECIADA

El uso de los cítricos y las especias con las verduras no es algo que viviera en mi niñez en el Medio Oeste. Nuestros platos eran sencillos, sustanciosos y se inspiraban en la granja. Solo cuando fui a Tailandia pude descubrir el potencial que tiene la combinación de sabores dulces y salados. La vitalidad de la comida fue un completo cambio de vida. Era asombroso ver a tanta gente comiendo sopa calentísima en mitad del verano. Realmente me abrió los ojos. Las combinaciones de especias que probé durante el viaje eran increíbles: de todo, desde frutas hasta platos de verduras especiados con locura que harían que se te cayesen los calcetines, si Tailandia tuviese un clima tan fresco como para que alguien los llevase.

PARA 2 RACIONES

- De 6 a 9 chiles rojos desecados, sin semillas y remojados en agua caliente 20 minutos
- 3 dientes de ajo
- 2 tallos de citronela
- 3 cm de jengibre fresco troceado
- 1 cucharada de cilantro en polvo
- 2 cucharadas de aceite de coco
- 3 cucharadas de cacahuetes machacados
- 1 cucharada de zumo de tamarindo
- 1 cucharada de azúcar
- 1 cucharada de salsa de soja dulce
- 2 tazas de espinacas
- 2 tronchos de apio troceados
- ½ taza de tofu troceado
- ½ taza de brotes de judías
- ½ pepino troceado

Mezclar los chiles, el ajo, la citronela, el jengibre y el cilantro en polvo hasta que la mezcla esté suave para hacer una pasta. En una sartén mediana, saltear esta pasta en el aceite de coco hasta que esté aromática. Añadir 2 cucharadas de cacahuetes machacados, el zumo de tamarindo, 1 cucharada de agua, el azúcar y la salsa de soja dulce y remover meticulosamente. Cocer a fuego lento removiendo continuamente unos 3 minutos, hasta que la pasta de cacahuete esté suave. Añadir las espinacas, el apio y el tofu a la sartén y cocer a fuego lento 5 minutos, hasta que todo esté bien mezclado y calentado. Cubrir con los brotes de judías, el pepino y el resto de los cacahuetes machacados.

DISFRUTA

COL RIZADA Y FIDEOS UDON AL CURRY

No sé muy bien por qué, pero siempre me he sentido muy a gusto con todo lo relacionado con la cultura japonesa. La sencilla elegancia, la belleza de los diseños y las filosofías basadas en la paz de espíritu, la naturaleza en calma y la valoración del espacio me han parecido siempre muy naturales. La primera vez que fui a Tokio, mis sentidos estaban excitados y calmados simultáneamente. Todo tenía sentido desde la perspectiva de su estilo de vida. La creatividad y la extravagancia de las modas callejeras me iluminaron los sentidos, y la comida –los fideos, las verduras y sus ingredientes sencillos– me ganó el corazón.

PARA 2 RACIONES

½ cebolla roja troceada

1 cucharada de aceite de oliva

1 cucharadita de curry en polvo

1 cucharadita de copos de pimiento morrón

1 cm de jengibre fresco troceado

350 gr de fideos udon

2 tronchos de col rizada, en trozos pequeños

1 taza de leche de coco

½ cucharada de mostaza de Dijon

3 golpes de salsa picante

En una cacerola mediana, saltear la cebolla en el aceite de oliva.

Añadir 3 tazas de agua, las especias, el jengibre y los fideos udon. Llevar a ebullición y luego rebajar a fuego lento 10 minutos.

Añadir la col rizada, la leche de coco, la mostaza de Dijon y la salsa picante y cocer a fuego lento 5 minutos.

Retirar del fuego y servir.

DISFRUTA

PASTA Y PESTO FÁCILES

La pasta con pesto es un plato que creía demasiado complicado para hacerlo yo, así que me limitaba a pedirlo en los restaurantes... hasta que busqué los ingredientes y le eché una buena mirada de arriba abajo a mi maceta de albahaca. Dudaba si utilizar mucha albahaca en caso de que la salsa resultase un fracaso, así que tuve una larga e intensa charla con la planta y le pedí permiso para experimentar con ella. Sentí como si me bendijera y, cosas de la buena suerte, la salsa salió increíble.

PARA 2 RACIONES

250 gr de caracolillos de pasta

½ cucharadita de aceite de oliva

1 taza de hojas de albahaca fresca

½ taza de nueces pecan machacadas

1 cucharada de levadura nutricional

2 dientes de ajo troceados

½ limón exprimido

1 cucharada de aceite de oliva adicional

En una cacerola mediana, poner a hervir 4 tazas de agua. Añadir la pasta y media cucharada de aceite de oliva. Cocer de 10 a 15 minutos hasta que la pasta esté tierna. Escurrir y reservar.

Mezclar la albahaca, las nueces pecanas, la levadura nutricional, el ajo, el limón y el aceite de oliva adicional hasta que la mezcla esté suave para hacer el pesto. Verter el pesto sobre la pasta y servir.

DISFRUTA

GRAN CUENCO DEL VALOR

Cuando recuerdo los alimentos que en mi niñez destacaron por darme valor, las espinacas me vienen siempre a la mente. De niña era una fan de Popeye y me encantaba que cuando se metía en problemas se tragaba una lata de espinacas, tomaba fuerzas y se enfrentaba a cualquier reto que tuviese por delante. Este es mi gran cuenco de valor de adulta, cuando necesito convocar la fuerza de Popeye con algo de valor extra.

PARA 2 RACIONES

1 taza de judías mungo (soja)

¼ de cebolla roja troceada

1 cucharada de mantequilla sin lácteos

2 tazas de espinacas frescas

½ pimiento naranja troceado

1 cucharada de anacardos troceados

5 cm de jengibre troceado

1 cucharadita de cúrcuma

4 golpes de salsa picante

El zumo de ½ lima

El zumo de ½ limón

En una cacerola mediana, hervir las judías mungo en 1 taza de agua 5 minutos. Escurrir y reservar.

En una sartén mediana, saltear la cebolla en la mantequilla sin lácteos hasta que esté dorada.

Añadir las espinacas, el pimiento, los anacardos, el jengibre, la cúrcuma y la salsa picante. Remover continuamente y cocinar de 2 a 4 minutos.

Añadir las judías mungo a la mezcla y remover hasta que todo esté bien mezclado. Retirar del fuego.

Cubrir con los zumos frescos de lima y de limón.

DISFRUTA

CUENCO DE LA FUERZA INTERIOR

Meterse en la cocina es entretenido y útil en muchísimos niveles. Uno empieza a volverse supersensible a los alimentos que le hacen sentir bien: los que satisfacen un ansia y los que dan consuelo emocional extra o impulso cuando lo necesitas. Cuando me hace falta fuerza interior, voy por alimentos que provienen del subsuelo. Es algo introspectivo, con la idea de enraizarse y reflexionar en la parte más profunda de mí misma y de convocar esa energía que me llevará de nuevo a la intuición. Espero que te encante el Cuenco de fuerza interior tanto como a mí y que te beneficies de él.

PARA 2 RACIONES

½ taza de arroz

½ taza de lentejas

1 boniato troceado

2 zanahorias troceadas

¼ de remolacha troceada

¼ de cebolla roja troceada

1 cucharada de mantequilla sin lácteos

1 troncho de apio troceado

1 cucharadita de cúrcuma

1 cucharadita de curry en polvo

½ taza de leche de coco

1 cucharada de cacahuetes machacados

Poner a hervir 4 tazas de agua en una cacerola mediana. Añadir el arroz y las lentejas. Llevar a ebullición y dejar cubierto a fuego lento 30 minutos, o hasta que esté todo tierno. Escurrir y reservar.

En una sartén mediana, saltear la cebolla en la mantequilla sin lácteos hasta que se dore.

Añadir el apio a la sartén y mezclar bien.

Incorporar a la sartén el boniato, las zanahorias, la remolacha, el arroz, las lentejas, la cúrcuma y el curry en polvo. Remover y dejar a fuego lento 3 minutos.

Añadir la leche de coco y cocer a fuego lento de 3 a 5 minutos. Retirar del fuego y cubrir con los cacahuetes machacados.

DISFRUTA

ASADO CREMOSO DE SETAS

En realidad no pensé nunca en lo que pudiera haber en las patatas al gratén o por qué a un plato de cremosas patatas asadas, o de otras verduras, se lo llamaba de forma tan sofisticada. Sin embargo, una noche, más o menos a la hora de cenar, cuando había en la cocina solamente unas pocas patatas, setas e ingredientes básicos, me decidí a improvisar. Ahora ya lo sé.

PARA 6 RACIONES

4 patatas troceadas

1 taza de leche de coco

¼ de taza de anacardos

3 dientes de ajo

¼ de taza de harina

1 cucharada de mostaza de Dijon

1 cucharada de levadura nutricional

1 cucharada de copos de pimiento morrón

1 cucharadita de pimienta negra

1 cucharadita de cúrcuma

½ cebolla roja troceada

2 cucharadas de mantequilla sin lácteos

2 tazas de setas cremini troceadas

6 setas shiitake troceadas

El zumo de ½ limón

Precalentar el horno a 180 grados.

En una olla grande de agua, hervir las patatas hasta que estén tiernas, más o menos de 10 a 15 minutos. Escurrir y reservar.

Para hacer la salsa, batir la leche de coco, los anacardos, el ajo, la harina, la mostaza de Dijon, la levadura nutricional, los copos de pimiento morrón, la pimienta y la cúrcuma.

En una sartén mediana, saltear la cebolla en la mantequilla sin lácteos hasta que se dore. Añadir las setas, las patatas y la salsa de coco y remover 2 minutos.

Pasarlo todo a una fuente de cristal para horno y hornear de 20 a 25 minutos. Sacar del horno y cubrir con el zumo de limón.

DISFRUTA

ESPAGUETIS, ¡OH, SÍ!

Durante mis primeros dos años en Nueva York, mis comidas eran de lata. Con frecuencia eso no tenía que ver con ahorrar dinero, sino con la simplicidad de la preparación: abrir lata, calentar, comer. Siempre se podía confiar en los SpaghettiOs (marca estadounidense muy popular). Nunca me sentí estupendamente después de tragarme una lata, probablemente porque la ingesta de sodio valía para toda la semana. Ahora que ya he madurado (solo un poquito), me he comprometido a encontrar una versión saludable que me haga sentir bien. Seguir divirtiéndome con la comida me mantiene inspirada y como nueva, como en mis primeros días en Nueva York, cuando todo era posible.

PARA 1 RACIÓN

3 tomates

2 tazas de leche de coco

1 cucharada de pasta de tomate

1 cucharadita de cúrcuma

1 cucharadita de copos de pimiento morrón

2 dientes de ajo

1 cucharada de levadura nutricional

250 gr de pasta en forma de anillo, como los anelli

Para hacer la salsa, batir los tomates, la leche de coco, la pasta de tomate, la cúrcuma, los copos de pimiento morrón y el ajo hasta que la mezcla esté suave.
En una cacerola mediana, echar la salsa de tomate. Remover a fuego medio hasta que hierva. Cuando la salsa esté hirviendo, añadir la levadura nutricional y la pasta. Cocer a fuego lento hasta que la pasta esté tierna, entre 20 y 25 minutos.

DISFRUTA

CURRY A LA CREMA DE ALMENDRAS

Con mi obsesión con todo lo relacionado con el sureste asiático, siempre he intentado preparar algo exótico y especiado con mis ingredientes básicos occidentales. La primera vez que me atreví a mezclar mantequilla de almendras y sirope de arce para un entrante sabroso, en lugar de para un batido, creí que iba a hacer algo totalmente repugnante. Resultó ser uno de mis recursos favoritos, por no hablar de algo con lo que podría sorprender a mis amigos cuando lo probasen la primera vez. Así era todavía más divertido.

PARA 2 RACIONES

- 3 cucharadas de mantequilla de almendras
- 4 cucharadas de leche de coco
- 1 cucharada de salsa de soja
- 1 cucharada de sirope de arce
- 1 cucharada de pasta de tomate
- 1 tomate raf
- ½ pimiento rojo
- ½ jalapeño en rodajas
- 3 cm de jengibre fresco en rodajas
- 1 diente de ajo picado
- 1 cucharadita de curry en polvo
- 1 cucharadita de chile en polvo
- 3 manojos de col rizada
- 250 gr de linguini
- 1 cucharada de aceite de oliva
- ½ pimiento amarillo

Para hacer la salsa, batir la mantequilla de almendras, la leche de soja, la salsa de soja, el sirope de arce, la pasta de tomate, el tomate, el pimiento rojo, el jalapeño, el jengibre, el ajo y las especias hasta que la mezcla esté suave.

Cocer al vapor la col rizada y reservar.

En una cacerola mediana, poner a hervir 4 tazas de agua. Echar los linguini y el aceite de oliva. Cocer de 10 a 15 minutos, o hasta que la pasta esté en su punto. Escurrir y reservar.

Mezclar los linguini, la col rizada y el pimiento amarillo con la salsa cremosa de almendras.

DISFRUTA

TOMATE AL CURRY

Esta impresionante comida es supersencilla y supersustanciosa. Me encanta la mezcla de lo sabroso, lo especiado y lo dulce que brinda este plato. Cuando solamente tienes 10 minutos para preparar una comida, esta es una receta de gran calidad que tener a mano.

PARA 2 RACIONES

3 tomates troceados, pero aparte

1 cucharadita de curry en polvo

3 cucharadas de leche de coco

1 cucharada de levadura nutricional

1 cucharadita de copos de pimiento morrón

1 cucharadita de pimienta negra

1 cucharada de miel

250 gr de fideos de arroz

1 cucharada de aceite de oliva

1 cucharada de mantequilla sin lácteos

Mezclar 1 de los tomates troceados con el curry en polvo, la leche de coco, la levadura nutricional, los copos de pimiento morrón, la pimienta negra y la miel hasta formar una salsa suave. Reservar.

Poner a hervir 4 tazas de agua en una cacerola. Añadir los fideos de arroz y el aceite de oliva y cocer 5 minutos.

Retirar del fuego, escurrir y reservar.

En una sartén mediana, saltear el resto de los tomates en la mantequilla sin lácteos hasta que estén suaves, unos 5 minutos.

En un cuenco grande, mezclar los fideos, la salsa de tomate al curry y los tomates salteados.

DISFRUTA

SOFRITO DEL SOHO

Los sofritos son de esas comidas que cuentan con una mala reputación en el departamento de salud. El aceite y los fritos que van con la obsesión por la comida rápida se aplican a veces a nuestras amigas las verduras. Tengo una versión sencilla que es tan apetitosa y permisiva como las versiones fritas, pero mucho mejor para tus niveles energéticos, e incluso más sabrosa. Es posible que se necesitase una cata a ciegas.

PARA 2 RACIONES

250 gr de fideos de arroz

2 cucharadas de aceite de oliva

½ cebolla roja troceada

1 cucharada de mantequilla sin lácteos

1 boniato hervido y troceado

1 cucharadita de cúrcuma

1 cucharadita de curry en polvo

1 pimiento morrón troceado

3 tronchos de col rizada, sin pencas y en trozos pequeños

2 cucharadas de vinagre balsámico

1 cucharadita de mostaza de Dijon

4 golpes de salsa picante

En una cacerola poner a hervir 4 tazas de agua. Añadir los fideos de arroz y 1 cucharada de aceite de oliva y cocer 5 minutos.

Retirar del fuego, escurrir y reservar.

Saltear la cebolla con la mantequilla sin lácteos hasta que esté dorada. Añadir el boniato a la sartén y remover constantemente durante 5 minutos. Agregar el curry, el pimiento morrón, la cúrcuma y la col rizada y remover hasta que todo esté bien mezclado y la col se quede lacia. Añadir los fideos de arroz a la sartén.

En un cuenco mediano, mezclar el resto del aceite de oliva, el vinagre balsámico, la mostaza de Dijon y la salsa picante para hacer la salsa.

Añadir la salsa a la sartén y remover aproximadamente 1 minuto, hasta que esté bien mezclado.

Retirar del fuego y servir.

DISFRUTA

CAZUELA DE VERDURAS

Cuando en el Medio Oeste nos juntamos para comer, la mesa está llena de muchísimos platos. Las cazuelas, las ensaladas calientes y frías y las sopas se amontonan al estilo de los bufets. En la versión de ciudad aparecen uno o dos platos a la vez; es más un estilo «tómalo o déjalo» que el del bufet de las infinitas posibilidades. Solamente ahora empiezo a valorar la variedad y la libertad de todos aquellos platos preparados para las comidas en casa. Cada persona de la mesa puede hacer una comida completamente diferente, y todos pueden tener lo que quieran. ¡Qué pensamiento más agradable! En Nueva York tendría sobras para muchos días si hiciera tanta comida, pero la nostalgia de una sabrosa cazuela siempre es atractiva.

PARA 2 RACIONES

- 250 gr de pasta penne
- ½ cebolla roja troceada
- 1 cucharada de aceite de oliva
- 4 tomates troceados
- 1 cucharada de pasta de pimiento morrón
- 1 taza de leche de coco
- 5 golpes de salsa picante
- 1 cucharadita de pimienta negra
- 1 cucharadita de copos de pimiento morrón
- 2 tazas de brécol troceado
- 1 taza de calabacín troceado
- 2 tazas de setas cremini troceadas
- 1 taza de maíz
- 1 cucharada de levadura nutricional
- El zumo de ½ limón

Precalentar el horno a 180 grados. En una cacerola mediana, poner a hervir 4 tazas de agua. Añadir la pasta y cocer de 10 a 15 minutos, o hasta que esté al punto. Escurrir y reservar.

En una sartén mediana, saltear la cebolla en el aceite de oliva hasta que dore. Añadir los tomates, la pasta de pimiento morrón, la leche de coco, la salsa picante y los condimentos. Remover y cocinar a fuego lento 20 minutos para hacer la salsa. Trasladar la salsa de tomate y la pasta hervida a una fuente grande para horno. Agregar el brécol, el calabacín, las setas y el maíz y mezclar todo bien. Espolvorear la levadura nutricional por encima y hornear 20 minutos.

Sacar del horno. Cubrir con el zumo de limón y servir.

DISFRUTA

PAD TAI DE TARA

Sé que ya tenemos una receta para el estupendo pad tai perezoso (página 187), pero quiero darte otra, que es un poco más emocionante, para que te sientas como un chef de alta cocina cuando la prepares. No es difícil de elaborar, pero implica utilizar la sartén y crear un plato lleno de ricos aromas que harán que los vecinos llamen a tu puerta para probarlo.

PARA 2 RACIONES

½ taza de mantequilla de almendras

3 cucharadas de leche de almendras

1 cucharadita de curry en polvo

1 cucharadita de chile en polvo

180 gr de fideos de arroz

½ cebolla roja troceada

4 cebolletas troceadas

1 cucharada de mantequilla sin lácteos

2 cucharadas de cacahuetes troceados

1 taza de brotes de judías

Para hacer la salsa, mezclar la mantequilla de almendras, la leche de almendras, el curry en polvo y el chile en polvo en un cuenco pequeño.

En una cacerola mediana, poner a hervir 3 tazas de agua. Añadir los fideos de arroz y cocer 5 minutos, o hasta que estén al punto. Escurrir y reservar.

En una cacerola mediana, saltear la cebolla y las cebolletas en la mantequilla sin lácteos 5 minutos, hasta que doren.

Añadir los cacahuetes, los fideos de arroz y la salsa a la cacerola. Remover hasta que esté todo bien mezclado.

Retirar del fuego. Cubrir con los brotes de judías y servir.

DISFRUTA

MOFONGO DE FERNANDO

Mi amigo Fernando, el chef de cocina del hotel W en Vieques, me enseñó a preparar mofongo. Me dejó que hiciéramos uno cada uno a la vez y me permitió la libertad de añadir al mío lo que quisiera sobre la marcha. Por supuesto, todo resultó un poco como una competición y los mayores elogios fueron para mi instructor. ¡Ay, madre, especias, tomates y verduras! Nos lo pasamos estupendamente y utilizamos todos los fogones. Después de un examen de sabores por parte del personal de la cocina, ganó mi versión. Creo que solo querían ser amables, aunque Fernando sacó a la luz y formó un talento oculto que yo podría tener para las salsas. El ingrediente principal de su plato era el bogavante. Como carezco del tirón de la carne, el mío estaba lleno de salsa y verduras, pero en realidad todo tenía que ver con la salsa y con cómo la absorbían los plátanos maduros. Ahora me entra hambre cada vez que pienso en aquella competición culinaria. Lo más duro de ser cocinero es guardar los platos para los invitados.

PARA 2 RACIONES

½ cebolla roja

2 dientes de ajo

2 cucharadas de aceite de oliva

8 tomatitos cherry en rodajas

1 cucharadita de copos de pimiento morrón

1 cucharadita de pimienta negra

1 cucharadita de sal

3 tallos de espárrago

½ pimiento verde

1 taza de espinacas frescas

2 plátanos maduros

En una cacerola mediana, saltear la cebolla y el ajo en una cucharada de aceite de oliva, hasta que se doren.

Para hacer la salsa, añadir a la cacerola los tomatitos cherry y una cucharada de agua y cocer a fuego lento 2 minutos.

Agregar los condimentos y continuar cociendo a fuego lento, removiendo de cuando en cuando. Ir añadiendo más agua (aproximadamente 1 cucharada cada 3 minutos) conforme hierve la salsa de tomate. La salsa debe ser espesa y cremosa. Reservar.

En una sartén mediana, saltear los espárragos, el pimiento y las espinacas en el resto del aceite de oliva 5 minutos. Reservar.

En una cacerola mediana, poner a hervir 2 tazas de agua. Añadir los plátanos y hervir 10 minutos, o hasta que estén tiernos. Retirar del fuego y reservar.

Trasladar la mezcla de los plátanos a un plato y cubrir con las verduras y la salsa de tomate.

DISFRUTA

COL RIZADA Y VERDURAS ESPECIADAS

Este plato es supersano, sencillo y depurativo. Cuando lo sirves a los amigos o la familia es también bastante impresionante. La col rizada y verduras especiadas es la respuesta definitiva de la comida casera sana y sin sacrificios.

PARA 2 RACIONES

5 tronchos de col rizada sin pencas

El zumo de 1 limón

1 cucharadita de sal marina

½ cebolla roja troceada

2 cucharadas de mantequilla sin lácteos

1 pimiento naranja

1 pimiento amarillo

2 tronchos de apio troceado

1 puñado de tomatitos cherry rebanados

1 cucharadita de curry en polvo

1 cucharadita de copos de pimiento morrón

Masajear la col rizada con el zumo de limón y la sal marina unos 2 minutos hasta que se encoja.

En una cacerola mediana, saltear la cebolla en la mantequilla sin lácteos hasta que se dore,

Añadir el resto de los ingredientes a la cacerola, removiendo continuamente.

Retirar del fuego y servir.

DISFRUTA

SUSHI DE VERDURAS EN CINCO MINUTOS

El sushi "hágalo usted mismo" me pareció una locura durante años?. ¿cómo demonios iba yo a cumplir los requisitos para hacer sushi, y por qué iba a tomarme la molestia, ya que es tan fácil conseguir rollos estupendos de sushi en Nueva York? Después de algunas visitas a Tokio, tuve la inspiración de traer más de Japón a mi cocina y me decidí a ello. La buena noticia es que no es tan complicado. Existen unos cuantos trucos para conseguir las cantidades correctas en los rollos. Las primeras veces me puse un poco ambiciosa y los rellené demasiado, pero afortunadamente todos los ingredientes eran todavía superapetitosos (aunque un poco enrevesados).

PARA 2 RACIONES

- 2 hojas de nori
- 1 cucharada de mayonesa vegana o de mostaza de Dijon
- ¼ de taza de arroz hervido caldoso

- 2 zanahorias cortadas en juliana
- 2 pepinos en rodajas finas
- 1 aguacate deshuesado y en rodajas finas
- ¼ de taza de salsa de soja
- 1 cucharada de wasabi

Extender el tapete para sushi de manera que las barras estén horizontales frente a ti. Colocar 1 hoja de nori en el tapete con el lado brillante para abajo. Untarle la mayonesa vegana. Añadir 2 cucharadas de arroz, dejando un borde de 1 cm. Cubrir con un poco de zanahoria y unas cuantas rodajas de pepino y de aguacate, haciendo capas horizontales. Que las capas sean finas.

Enrollar la hoja de nori hacia ti apretando fuerte según se enrolla. Utilizar el tapete para prensar el rollo después de formado. Retirar el rollo del tapete para sushi y cortarlo a lo ancho en trozos iguales con un cuchillo. Repetir el proceso con los demás ingredientes menos la salsa de soja y el wasabi.

Mezclar la salsa de soja y el wasabi en un cuenco pequeño donde remojar el sushi.

DISFRUTA

CREMA DE QUINOA

La crema de quinoa surgió de uno de esos días en los que apenas tenía nada en mi cocina. Rebuscando por el fondo del frigorífico y las traseras de las alacenas de la cocina, dejé que me guiase la intuición y fuese creando el plato por el camino. Ahora ha pasado a ser un plato central de mi repertorio.

PARA 2 RACIONES

2 tazas de quinoa
2 tazas de leche de coco
2 tazas de espinacas frescas
4 golpes de salsa picante

En una cacerola mediana, poner a hervir 4 tazas de agua. Añadir la quinoa y cocer a fuego lento 5 minutos.

Agregar la leche de coco y las espinacas. Cocer a fuego lento 5 minutos.

Añadir la salsa picante y mezclar todo bien. Retirar del fuego y servir.

DISFRUTA

PIÑA A LA PARRILLA CON ARROZ

Después de comprar una piña para consumir casi cada vez que salgo de casa, el verano pasado se me ocurrió que podría poner la piña a la «barbacoa» (mi parrilla) y me cautivé a mí misma con un tentempié de alta cocina para verano. Después de algunos intentos para conseguir el brillo perfecto, te doy una comida veraniega divertida que puedes tener en el porche –o, en mi caso, en la salida de incendios– para alguna de esas largas noches de verano.

PARA 2 RACIONES

3 rodajas grandes de piña

2 cucharadas de vinagre balsámico

1 cucharadita de sal marina

1 taza de arroz hervido

2 cucharadas de leche de coco

1 cucharada de mantequilla sin lácteos

Precalentar la parrilla, a 15 cm del fuego.

Restregar el vinagre balsámico y la sal por los dos lados de la piña. Asar en la parrilla unos 10 minutos, dándoles la vuelta a los 5 minutos, hasta que los dos lados estén dorados.

En una sartén mediana, mezclar el arroz, la piña asada, la leche de coco y la mantequilla sin lácteos a fuego fuerte.

Remover y cocer a fuego lento 5 minutos.

Retirar del fuego y servir.

DISFRUTA

CAPÍTULO 11

POSTRES
Date un gusto

Y ahora hemos llegado al momento que todos estábamos esperando –o quizá debiera decir «para el que hemos estado guardando sitio»–. ¡El postre está servido! Para mí el postre es lo mejor de cada comida, siempre y cuando esté bien hecho, claro. Podría ser una galleta clásica y calentita, o una sensación de sabores interesantes e inesperados. No importa, el postre es estupendo. Me encanta servirlo a los invitados que se dejan caer de sorpresa, tanto después de la comida como por sí solo.

Así que investiga algunos de mis postres favoritos. Encontrarás que muchos son de mi infancia, que he hecho un poco más saludables, junto con algunas exquisiteces exóticas de mis amigos del otro lado del planeta.

Tras muchos años de tener invitados, he descubierto que la gente acude en manada a los postres, así que si tienes gusto por lo dulce, o un gran corazón, prepara alguno de estos regalos culinarios para ti y tus amigos, ¡y que la fiesta siga a toda marcha!

MANZANAS ASADAS RUSAS DE VERA

Creo que debo de ser secretamente del este de Europa, tanto de sangre como de espíritu. Tengo muchos rusos a mi alrededor, que en su mayoría he conocido a través de Strala. Sabemos que la vida puede ser un reto, pero elegimos trabajar con calma. Somos muy empecinados, muy trabajadores y diligentes: tanto da que sea tejer ropa de punto que cultivar alimentos o cocinar comidas exquisitas. La idea de trabajar con lo que tienes y crear lujo de la simplicidad es algo que está enraizado en nosotros. No he sentido nunca la necesidad de gastar mucho dinero en vivir y comer bien. Esta receta de manzanas asadas de mi buena amiga Vera es completamente perfecta. No solo es uno de los postres más exquisitos de mi repertorio, sino que trae consigo una experiencia multisensorial que llena toda la casa de una sensación de calidez y de acogida.

PARA 2 RACIONES

1 taza de nueces

1 taza de pasas

2 manzanas

El zumo de 1 limón

4 ramas de canela

2 cucharadas de canela molida

½ cucharada de miel

Precalentar el horno a 180 grados.

Para hacer el relleno, machacar las nueces y mezclarlas con las pasas en un cuenco pequeño.

Suprimir las partes superior y central de las manzanas, dejando la parte inferior para formar pequeños recipientes para el relleno de nueces y pasas. Asegurarse de que se deja un poco de fruta en la parte inferior.

Verter el zumo de limón en los huecos formados. Añadir el relleno de nueces y pasas y 2 ramas de canela a cada manzana.

Colocar papel encerado en una bandeja para horno y poner las manzanas encima.

Asar las manzanas 1 hora, o hasta que desprendan ese característico olor a manzanas asadas. La piel debe estar arrugada y el zumo que se desprende debe caramelizarse.

Quitar las ramas de canela, espolvorear la canela molida y rociar la miel por encima.

DISFRUTA

GALLETAS DE FUENTE DE LA ABUELA POLLITO

YO llamaba a mi bisabuela Abuela Pollito, porque siempre que iba a su casa estaba en la cocina friendo pollo. También preparaba mi postre favorito de siempre: su propio invento, llamado galletas de fuente. En su noventa cumpleaños, que celebramos en el Ayuntamiento, recordé aquel momento en que estaba con ella en la cocina y no cocinaba. Me dijo que ya había vivido lo suficiente para una persona y que estaba lista para irse. Recuerdo ese momento con mucha claridad y que pensé que era realmente asombroso verla tan tranquila y tan sabia, y saber que estaba preparada para abandonar esta vida. Murió unas semanas más tarde. Su espíritu vive en sus galletas de fuente. Lo mejor y lo más extravagante de esta receta es que siempre es diferente, ya que es muy flexible con los ingredientes. Habitualmente ella vaciaba la alacena de cereales, frutos secos, copos de avena y cualquier otra cosa que pudiese funcionar para rellenar o añadir sabor a las galletas.

PARA 8 RACIONES

2 tazas de azúcar moreno

2 tazas de azúcar blanco

2 tazas de aceite de oliva

4 sustitutos de nuevo

2 cucharaditas de bicarbonato

1 cucharadita de sal

4 tazas de harina

1 ½ taza de avena

4 tazas de copos de maíz

½ taza de virutas de chocolate

½ taza de pasas

¼ de taza de coco rallado

¼ de taza de nueces

Precalentar el horno a 190 grados.

En un cuenco grande, mezclar los azúcares, el aceite de oliva, los sustitutos del huevo, el bicarbonato y la sal.

Añadir el resto de los ingredientes, removiendo según se van añadiendo.

Trasladar toda la masa a una fuente para horno de 30 cm x 20 cm y hornear de 8 a 10 minutos. Dejar enfriar 20 minutos. Cortar y servir.

DISFRUTA

PASTEL DE "TWINKIES" DE MAMÁ

Cuando era niña, no había mucha comida basura en casa, pero teníamos una rareza ligeramente extraña asociada a la comida basura que teníamos: la guardábamos en el lavaplatos. Mis padres estaban muy concienciados en el tema de la conservación del agua y la energía, y en general todo lo que fuese beneficioso para el planeta, de manera que en realidad no utilizábamos el lavaplatos para lavarlos: almacenábamos todos los alimentos «malos» allí. Las gominolas, las patatas fritas de bolsa, el regaliz y hasta los Twinkies. A mis amigos siempre les parecía que era muy divertido cuando metíamos la mano para robar en nuestro rincón de los dulces tan poco habitual. ¿Qué puedo decir?, mis padres eran los filósofos originales del «haz tus propias normas».

Mi madre también hacía un sorprendente pastel de «Twinkies», que nos dijo que era más sano que comerse un montón de Twinkies. Tenía razón. Para esta receta se necesitan dos días de refrigeración antes del consumo, pero merece la pena esperar tanto.

PARA 8 RACIONES

PASTEL

1 taza de azúcar

½ taza de mantequilla sin lácteos

2 sustitutos de huevo

2 cucharaditas de extracto de vainilla

1 ¾ cucharadita de bicarbonato

1 ½ taza de harina

½ taza de leche de almendras

RELLENO

5 cucharadas de harina

1 taza de leche de almendras

1 taza de azúcar

½ cucharadita de sal

1 cucharadita de vainilla

1 taza de mantequilla sin lácteos

Precalentar el horno a 180 grados.

Para preparar mejor el pastel, mezclar el azúcar y la mantequilla sin lácteos en un cuenco grande. Añadir los sustitutos de huevo y la vainilla. Luego, el bicarbonato y la harina. Por último, la leche de almendras y batir hasta que la mezcla esté suave.

Trasladar la masa a dos moldes engrasados de 25 x 25 cm. Hornear de 30 a 40 minutos, o hasta que el pastel cuaje. Reservar.

Para elaborar el relleno, mezclar la harina y la leche de almendras en una cacerola pequeña a fuego fuerte. Cocer aproximadamente 5 minutos hasta que el relleno esté espeso, removiendo de cuando en cuando. Retirar del fuego y dejar enfriar.

Mezclar el azúcar, la sal, la vainilla y la mantequilla sin lácteos en un cuenco grande hasta que la mezcla esté esponjosa. Añadir la mezcla de la leche ya fría. Batir al menos 5 minutos.

Cubrir uno de los pasteles con el relleno. Colocar el otro sobre el relleno. Almacenar 2 días en el frigorífico antes de consumir.

DISFRUTA

BUDÍN DE BARRO

Es posible que sea algo del Medio Oeste, o quizá sea una de esas cosas de niños de todo el país, pero el budín de barro es la nostalgia absoluta. Es estupendo para llevar a un día de campo en verano o a una fiesta. Esta versión sana y de ciudad impresionará a tus amigos. Por el ignorante sofisticado que hay dentro de todos nosotros, ¡diviértete!

PARA 8 RACIONES

BUDÍN

2/3 **de taza de azúcar**

6 **cucharadas de maicena (harina de maíz)**

¼ **de cucharadita de sal**

4 **tazas de leche de almendras**

2 **cucharaditas de extracto de vainilla**

220 **gr de queso vegano para untar**

1 **taza de azúcar glas**

COBERTURA BATIDA

400 **gr de leche de coco, refrigerada toda la noche**

3 **cucharaditas de sirope de arce**

1 **cucharadita de extracto de vainilla**

COBERTURA DE BARRO

36 **galletas de chocolate rellenas de crema**

Gominolas ecológicas (optativo)

Para preparar el budín, mezclar el azúcar, la maicena y la sal en una cacerola grande a fuego bajo. Añadir lentamente la leche de almendras, removiendo continuamente. Cocinar a fuego lento, sin dejar de remover, durante 3 minutos, o hasta que espese.

Añadir la vainilla y cocer otros 3 minutos, removiendo de cuando en cuando.

Retirar del fuego y dejar enfriar 15 minutos. Verter en un cuenco grande de cristal y dejar reposar en e frigorífico 3 horas.

Mezclar el queso vegano para untar y el azúcar glas en un cuenco mediano, añadiendo el azúcar glas despacio. Reservar.

Una vez que el budín haya cuajado, añadirle la mezcla de queso y azúcar. Mezclar bien hasta que ligue.

Para elaborar la cobertura batida, escurrir la leche de coco y poner la parte sólida en un cuenco mediano.

Añadir el sirope de arce y el extracto de vainilla y batir hasta que tenga una consistencia esponjosa.

Cubrir el budín con la cobertura batida.

Para preparar la cobertura de barro, mezclar las galletas hasta que tengan una textura granulosa.

Cubrir el budín y la cobertura batida con la cobertura de barro y las gominolas, si se utilizan. Servir en un cuenco pequeño (o en una macetita).

DISFRUTA

TARTA DE LIMA

Las tartas son una golosina sencilla y clásica para servir a los invitados y una delicia exquisita para tener en casa. Para mí, tener un pastel al alcance de la mano es señal de un hogar feliz. Cuando estoy en casa después de viajar un poco, me gusta sacar tiempo para hacer una tarta, sin importar lo loco que se vuelva mi horario. El simple placer de mezclar, hornear, esperar e inhalar el dulce olor que llena mi hogar me ayuda a instalarme en el momento presente y a agradecer todo lo que la vida me ha ofrecido.

PARA 8 RACIONES

1 taza de azúcar

½ taza de mantequilla sin lácteos

2 sustitutos de huevo

2 cucharaditas de extracto de vainilla

1 ¾ cucharadita de bicarbonato

1 ½ taza de harina

½ taza de leche de almendras

El zumo de ½ lima

1/8 de taza de azúcar glas

Precalentar el horno a 180 grados.

Para preparar mejor la tarta, batir el azúcar y la mantequilla sin lácteos en un cuenco mediano. Añadir los sustitutos de huevo y la vainilla. Luego, el bicarbonato y la harina.

Agregar la leche de almendras y la mitad del zumo de lima; batir hasta que esté suave.

Trasladar la masa de la tarta a un molde de 30 x 20 cm. Hornear de 30 a 40 minutos, o hasta que cuaje.

Cubrir con el resto de zumo de lima y el azúcar glas.

DISFRUTA

CUPCAKES DE FRUTOS DEL BOSQUE

La mayor parte de la gente sabe dónde estaba durante las subidas y bajadas de la bolsa. Recuerdo muy vívidamente la explosión de los cupcakes en Nueva York. Después del éxito enorme de *Sexo en Nueva York*, eran el último grito. La gente hacía colas en la calle para hacerse con una caja para su dosis de azúcar vespertina o para un tentempié nocturno. No mucho tiempo después del éxito de una tienda de cupcakes con nombre de flor, la ciudad se inundó con nuevas tiendas de cupcakes prácticamente en cada esquina, que se jactaban de sus glaseados especiales patentados, de su extravagante cultura o de otros peculiares ofrecimientos. En ciertos lugares se podía conseguir el glaseado solo, porque, francamente, eso es lo que buscamos todos al final.

Conseguir mi tienda de cupcakes en casa es por sí sola una búsqueda de todo el fin de semana. Finjo que estoy horneando para una cola de neoyorquinos hambrientos, y luego invito a mis amigos hambrientos de verdad a uno de estos manjares.

PARA 8 RACIONES

MAGDALENAS

- 1 taza de azúcar
- ½ taza de mantequilla sin lácteos
- 2 sustitutos de huevo
- 2 cucharaditas de extracto de vainilla
- 1 ¾ cucharadita de bicarbonato
- 1 ½ taza de harina
- El zumo de ½ lima
- ½ taza de leche de almendras
- 1 taza de fresas troceadas
- 1 taza de arándanos

GLASEADO

- 1 taza de leche de coco o de almendras
- ¼ de taza de harina
- ½ taza de mantequilla sin lácteos
- 4 fresas troceadas
- 1 taza de azúcar
- 1 cucharadita de extracto de vainilla

Precalentar el horno a 180 grados.

Para preparar mejor las magdalenas, batir el azúcar y la mantequilla sin lácteos.

Añadir los sustitutos de huevo y la vainilla. Luego, el bicarbonato y la harina. Después, el zumo de lima y la leche de almendras, y batir todo hasta que esté suave.

Añadir la mitad de las fresas y la mitad de los arándanos, y mezclar bien.

Forrar con papel, o con envases para magdalenas, un molde para hornear para 12 magdalenas.

Hornear de 30 a 40 minutos, o hasta que cuajen.

Para elaborar el glaseado, mezclar la leche de coco o de almendras y la harina en una cacerola mediana. Remover continuamente y llevar a ebullición. Retirar del fuego y reservar para que se enfríe.

Añadir la mantequilla sin lácteos, las fresas troceadas, el azúcar y la vainilla a la cacerola. Batir con una mezcladora manual hasta que la mezcla esté ligera y esponjosa. Refrigerar al menos 1 hora antes de aplicar el glaseado.

Untar el glaseado por encima de las magdalenas

Cubrir con los frutos de bosque restantes y servir.

DISFRUTA

GRAN CUENCO DE FRESCURA IMPRESIONANTE

A veces uno desea, digamos, cinco postres en uno. Este Gran cuenco de frescura impresionane lo consigue. Originalmente, esta receta iba a ser la de un pastel de chocolate, pero puse demasiado chocolate negro y no salió del molde en una pieza. Tirar una tarta es algo muy triste, y en realidad sabía muy bien. Así que improvisé un budín, lo metí todo cuidadosamente en tarros bonitos y se lo serví a los amigos. Como resultado, parecía que con esta receta hubiera tenido un momento superelegante y de alta cocina. Los fracasos a veces conducen a grandes éxitos, hasta en la cocina.

PARA 6 RACIONES

BUDÍN

2/3 de taza de azúcar

6 cucharadas de maicena (harina de maíz)

1/8 de cucharadita de sal

4 tazas de leche de almendras

2 cucharaditas de extracto de vainilla

PASTEL

1 taza de azúcar

½ taza de mantequilla sin lácteos

2 sustitutos de huevo

2 cucharaditas de extracto de vainilla

1 ¾ cucharadita de bicarbonato

1 ½ taza de harina

½ taza de leche de almendras

2 tazas de chocolate negro troceado

1 cucharada de cacao en polvo o de azúcar glas (optativo)

Para preparar el budín, mezclar el azúcar, la maicena y la sal en una cacerola grande a fuego suave. Añadir despacio la leche de almendras, removiendo continuamente.

Cocer a fuego bajo, removiendo continuamente unos 3 minutos hasta que esté espeso.

Añadir la vainilla.

Cocer otros 3 minutos, removiendo de cuando en cuando.

Retirar del fuego y dejar enfriar 15 minutos. Trasladar todo a un cuenco de cristal y refrigerar 3 horas.

Para elaborar el pastel, precalentar el horno a 180 grados.

En un cuenco mediano, batir el azúcar y la mantequilla sin lácteos. Añadir los sustitutos de huevo y la vainilla. Después, el bicarbonato y la harina. Luego, la leche de almendras y batir todo hasta que la mezcla esté suave. Por último, añadir el chocolate negro y mezclar todo bien.

Verter la masa del pastel en seis moldes de magdalenas.

Hornear de 15 a 20 minutos, o hasta que cuaje. Dejar enfriar al menos 20 minutos.

Sacar las magdalenas de los moldes, cortar cada una por la mitad y colocar las partes de abajo en seis tarros o cuencos de cristal. Cubrir el pastel con la mitad del budín y luego ir alternando capas de pastel y de budín hasta llegar al borde de los tarros o cuencos.

Espolvorear con el cacao en polvo, si se utiliza. Servir.

DISFRUTA

BIZCOCHITOS DE CHOCOLATE

Mi madre está buscando siempre alternativas saludables para los postres; supongo que es algo de familia. Intercambiamos recetas a menudo e intentamos mejorar las creaciones de la otra. Durante una visita reciente, probé algunos de sus bizcochitos. Al ver que me gustaban, me pasó esta receta. Yo no hubiera podido adivinar nunca alguno de los ingredientes secretos que hacen que estos bizcochitos sean más sanos que el habitual lote empalagoso. Ella siempre tan buena y tan lista, ¡gracias, mamá!

PARA 8 RACIONES

- 6 cucharadas de mantequilla sin lácteos
- ½ taza de harina
- ¼ de cucharadita de sal marina
- ½ cucharadita de bicarbonato
- 1 sustituto de huevo
- 1 taza de azúcar
- 1 cucharadita de canela
- ½ cucharadita de cardamomo
- 1 taza de virutas de chocolate negro
- 1 cucharadita de extracto de vainilla
- ½ taza de cacao en polvo
- 1 taza de yogur de coco u otro sin lácteos
- 1/8 de taza de azúcar glas
- ¼ de taza de nueces troceadas (optativo)

Precalentar el horno a 180 grados. Engrasar una fuente para horno de 30 x 20 cm con la mantequilla sin lácteos. Mezclar la harina, la sal y el bicarbonato en un cuenco y reservar. Mezclar el sustituto de huevo, el azúcar, la canela y el cardamomo y reservar. Añadir la mantequilla y ½ taza de virutas de chocolate a una cacerola mediana a fuego bajo. Cocer hasta que el chocolate se funda. Retirar del fuego, añadir la vainilla, el cacao en polvo, el yogur de coco y el resto de las virutas de chocolate. Añadir la harina, la mezcla del sustituto de huevo y las nueces, si se utilizan, y remover bien. Trasladar la mezcla a la fuente para horno y hornear hasta que salga limpio el cuchillo que insertemos en el pastel, aproximadamente 25 minutos. Dejar enfriar en la fuente 20 minutos, o hasta que no queme al tacto.

Cubrir con el azúcar glas. Cortar en dados y servir.

DISFRUTA

PASTEL PEGAJOSO DE FRESAS

De niña tuve mi ración de muñecas "Tarta de fresa". Lo raro es que, después de todo este tiempo, en un reciente viaje a casa bajé al sótano a darme una vuelta por el callejón de la memoria. Encontré todos los viejos juguetes, ¡y las muñecas esas aún olían a fresa! Se hallaban en buen estado. De niña no tuve nunca un horno eléctrico de juguete, pero siempre ansiaba pastel de fresa tras jugar con mis muñecas. Después del tiempo que ha pasado, esas estrafalarias muñecas me inspiraron a inventar mi propia versión, más saludable, del pastel de fresas.

PARA 6 RACIONES

CREMA DE FRESA

4 tazas de fresas troceadas

¼ de taza de azúcar

El zumo de ½ limón

PASTEL

1 taza de azúcar

½ taza de mantequilla sin lácteos

2 sustitutos de huevo

2 cucharaditas de extracto de vainilla

El zumo de ½ lima

1 ¾ cucharadita de bicarbonato

1 ½ taza de harina

½ taza de leche de almendras

1 cucharada de azúcar glas

Para preparar la crema, mezclar las fresas, el azúcar, el zumo de limón y ¼ de taza de agua en una cacerola mediana a fuego fuerte y llevar a ebullición. Cocer a fuego lento de 20 a 30 minutos, removiendo de cuando en cuando. Una vez espese, dejar reposar en el frigorífico al menos 30 minutos.

Para el pastel, precalentar el horno a 180 grados.

Mezclar el azúcar y la mantequilla sin lácteos en un cuenco mediano. Añadir los sustitutos de huevo, la vainilla y el zumo de lima.

Agregar el bicarbonato y la harina. Luego, la leche de almendras y batir todo hasta que esté suave.

Trasladar una tercera parte de la masa del pastel a un molde de 30 x 20 cm. Cubrir con una tercera parte de la crema de fresa y repetir dos veces más.

Hornear de 30 a 40 minutos.

Dejar que el pastel se enfríe al menos 30 minutos.

Cubrir con la parte que queda de la crema de fresas y el azúcar glas.

DISFRUTA

HELADO DE MENTA, COCO Y CHOCOLATE

De niña me comía un gran cuenco de helado casi cada noche. Yo era una niña superactiva, dedicada a los deportes y al baile, así que estoy segura de que eso tenía mucho que ver con el motivo de que mi cuerpo ansiase aquellas calorías extra. Estoy convencida de que la costumbre del helado me llevó también a la satisfacción mental, a la felicidad y a tener sentimientos cálidos, porque no tuve nunca ningún efecto negativo por todas esas cucharadas de helado. De adulta no creo que mi cuerpo pudiera hacer frente al hecho de comer helado cada noche, pero es un capricho que no deseo abandonar; es demasiado apetitoso. Estoy tan obsesionada con el helado que unas cuantas veces he intentado hacer el mío propio. Esta es una versión de ello que realmente ha salido bien una y otra vez. Se necesita algo de esfuerzo a la hora de congelarlo, pero vale la pena.

PARA 4 RACIONES

Una lata de 400 gr de leche de coco

4 cucharadas de aceite de coco

3 cucharadas de azúcar moreno

1 cucharada de cacao en polvo

1 cucharadita de extracto de vainilla

1 cucharadita de extracto de menta

En un cuenco grande, mezclarlo todo y remover.

Congelar 20 minutos.

Remover otra vez. Congelar otros 20 minutos.

Seguir removiendo y congelando cada 20 minutos durante aproximadamente 1 hora hasta que el helado esté hecho.

Trasladar a un recipiente de plástico reutilizable y congelar hasta que sea el momento de servir.

DISFRUTA

CRUJIENTES DE CANELA, FRUTOS SECOS Y MANTEQUILLA DE ERNA

Estos crujientes de mi saludable amiga Erna me llevan de vuelta a los almuerzos en el instituto, cuando iba de caza a través del aparcamiento para conseguir aquellos churros de canela crujientes del Taco Bell. Sabíamos que no eran saludables, pero éramos unos adolescentes obsesionados con el azúcar que tenían veinte minutos de libertad al día.

La primera vez que probé la receta de Erna, que llegó con un giro muy de Malasia por las bases para rollitos de primavera, me sorprendió lo cerca que pueden estar nuestras culturas. Su receta tenía una cremosidad añadida debida a las mantequillas de frutos secos. Te encantará lo crujientes que son, además de la combinación de dulce y salado.

PARA 4 RACIONES

1 paquete (25 hojas) de bases para rollitos de primavera

½ taza de aceite de coco

2 cucharadas de mantequilla de frutos secos (vale cualquiera de ellas)

½ cucharada de canela

1 cucharada de azúcar de coco (o cualquier otro tipo de azúcar)

Precalentar el horno a 150 grados.

Cortar las bases de rollitos de primavera en tiras rectangulares, o utilizar un cortapastas para hacer formas divertidas.

Mezclar el aceite de coco y la mantequilla de frutos secos que se use en un cuenco grande. Untar las bases cortadas con la mezcla de aceite y mantequilla.

En un cuenco pequeño, mezclar la canela y el azúcar y espolvorear esta mezcla sobre las bases de rollitos de primavera.

Colocar las bases en una bandeja de horno y hornear 20 minutos, o hasta que estén doradas.

DISFRUTA

GALLETAS DE JENGIBRE

Las galletas de jengibre son la variación perfecta de la clásica galleta de azúcar, pero sin ser tan dulces ni tan sazonadas. Estas galletas añaden un toque fresco de jengibre para hacer un postre revivificante. Las he tomado prestadas parcialmente de mi receta de galletas clásicas de canela, que aparece en *La no-dieta: sigue tus propias reglas*.

PARA 8 RACIONES

- 1 ½ taza de harina multiusos
- ¼ de taza de maicena (harina de maíz)
- 1 cucharadita de bicarbonato
- 1 barra de 100 gr de mantequilla sin lácteos
- 1 ¼ de taza de azúcar
- ¼ de taza de leche de almendras
- 1 cucharadita de extracto de vainilla
- 8 cm de jengibre fresco troceado
- 3 cucharadas de canela

Precalentar el horno a 180 grados.

Mezclar la harina, la maicena y el bicarbonato en un cuenco.

Batir la mantequilla sin lácteos y ⅝ de taza de azúcar en un cuenco aparte hasta que la mezcla esté suave.

Mezclar la leche de almendras, el extracto de vainilla y el jengibre en un cuenco aparte.

Unir la mezcla de leche de almendras a la de mantequilla sin lácteos y batir todo otra vez hasta que esté suave.

Añadir los ingredientes secos y batir todo otra vez más hasta que esté suave.

Hacer pequeñas bolas con la masa, de aproximadamente 1 cucharada cada una.

En un cuenco pequeño, mezclar el azúcar restante y la canela.

Rebozar las bolas de masa con la mezcla de canela y azúcar.

Colocar las bolas rebozadas en una bandeja para horno y hornear de 15 a 20 minutos.

Sacar del horno, colocar sobre una rejilla y dejar que se enfríen las galletas.

DISFRUTA

GALLETAS DE AVENA DE MAMÁ

Uno de mis recuerdos preferidos de la infancia es volver a casa del colegio y que me recibiese el consolador aroma de galletas recién hechas. Recuerdo haber pensado que la cadencia de tiempos era una extraña coincidencia: las galletas estaban allí justo en el momento en que yo llegaba a casa del colegio. Mi madre hizo un buen trabajo no mimándonos, y en lugar de eso nos hacía creer que las galletas no se preparaban especialmente para nosotros. Normalmente eran para una obra benéfica de algún tipo, pero siempre quedaban unas pocas que sobraban.

PARA 8 RACIONES

¼ de taza de azúcar moreno

1 taza de azúcar blanco

½ taza de mantequilla sin lácteos

2 sustitutos de huevo

1 cucharadita de extracto de vainilla

¾ de taza de harina

½ cucharadita de bicarbonato

¼ de cucharadita de sal marina

1 cucharadita de canela

1 cucharadita de cardamomo

1 ½ taza de avena

½ taza de pasas

½ taza de virutas de chocolate

½ taza de nueces pecanas troceadas

Precalentar el horno a 190 grados.

Batir los azúcares y la mantequilla sin lácteos hasta que la mezcla esté suave.

Añadir los sustitutos de huevo y el extracto de vainilla y mezclar.

Agregar la harina, el bicarbonato, la sal, la canela y el cardamomo.

Añadir la avena, las pasas, las virutas de chocolate y las nueces pecanas y remover todo para mezclarlo bien.

Dividir la masa en bolas pequeñas y parejas y colocarlas en una bandeja para horno. Hornear de 8 a 10 minutos.

Sacar del horno, trasladarlas a una rejilla y dejar que se enfríen.

DISFRUTA

GRANIZADO DE SHIHO

Además del arte de Japón, su cultura, su diseño y sus platos de fideos, me he obsesionado con los famosos granizados de Tokio. A mi amiga Shiho, que vive allí, le encanta enseñarme todos sus sitios favoritos. Hemos recorrido muchos lugares de granizados hasta ahora, y estoy entregada a probar tantos como pueda meter en mi estómago y en mi calendario en cada visita que haga. Los granizados son increíblemente sencillos y deliciosos, nada que ver con los conos de hielo picado y sirope de mi niñez. De hecho, son un postre complejo que merece las alabanzas culinarias. Vale la pena el largo vuelo hasta allí solo para darse el gusto. Afortunadamente, podemos prepararlos también en la comodidad de nuestros propios hogares.

PARA 4 RACIONES

4 tazas de hielo
2 cucharadas de leche condensada azucarada o de leche de coco
4 cucharadas de pasta de judías rojas dulces

Picar el hielo unos 3 minutos hasta que tenga la consistencia del granizado.
Verter el hielo granizado en platos.
Cubrir con la leche condensada y la pasta de judías rojas dulces.

DISFRUTA

GRANIZADO DE TÉ VERDE

Este postre inocente animará a tu organismo más que un café exprés. Me encanta tener en rotación este manjar en mi rutina habitual, o fascinar a los invitados con esta exquisitez inesperada al final de una cena.

PARA 4 RACIONES

1 cucharada de té verde matcha en polvo

3 cucharadas de azúcar

4 tazas de hielo

2 cucharadas de leche condensada o de leche de coco

4 cucharadas de pasta de judías rojas dulces (optativo)

En una cacerola pequeña, poner a hervir 1 taza de agua.

Mezclar el té matcha y el azúcar en un cuenco pequeño.

Añadir muy despacio ¼ de taza de agua hirviendo, removiendo continuamente.

Escurrir y refrigerar al menos 1 hora.

Batir el hielo unos 3 minutos, hasta que tenga la consistencia del granizado.

Verter la mezcla de matcha y azúcar sobre el granizado.

Añadir la leche condensada.

Cubrir con la pasta de judías rojas dulces, si se utiliza.

DISFRUTA

SIROPE DE PLÁTANO

Los plátanos están entre mis frutas preferidas, probablemente porque a la vez son dulces, cremosos y llenan. Por sí mismos merecen ser un postre o un tentempié sustancioso, pero cuando se utilizan como ingrediente principal de un postre, se vuelven supersatisfactorios. Esta receta es fácil de preparar y escandalosamente exquisita. ¿No tienes galletas o tarta en la casa?, no hay problema. ¡A los plátanos!

PARA 4 RACIONES

½ taza de azúcar moreno

3 o 4 plátanos dulces

¼ de taza de leche de coco (optativo)

Mezclar el azúcar moreno y 1 taza de agua en una sartén mediana a fuego fuerte hasta que el sirope empiece a hervir.

Bajar a fuego lento. Añadir los plátanos y cocer hasta que se pongan de color naranja.

Colocarlos en platos de postre. Cubrir con la leche de coco, si se utiliza.

DISFRUTA

MOUSSE DE CHOCOLATE

En mi pueblo hay un centro comunitario llamado Moose Hall. Muchos grupos diferentes utilizan ese espacio para sus acontecimientos. Algunos de los miembros más comprometidos llevan gorras de béisbol con crespos cuernos de alce encima. Esta es la clase de extravagancias que me gustan.

La mousse de chocolate es fantástica para un tentempié a mediodía o como regalo culinario a cualquier hora. Recuerdo aquellos paquetes de budín de chocolate que aparecían en los almuerzos del colegio o en las casas de los amigos. Esta versión es complejamente adulta, pero estoy segura de que serviría también para un niño hambriento o para un miembro del Moose Hall.

PARA 2 RACIONES

½ taza de leche de coco, refrigerada toda la noche

3 cucharadas de sirope de arce

1 cucharadita de extracto de vainilla

2 aguacates deshuesados y troceados

2 cucharadas de leche de almendras

1 cucharada de cacao en polvo

1 cucharada de azúcar de coco

1 cucharadita de canela

Filtrar la leche de coco en un cuenco pequeño. Desechar las partes sólidas.

Mezclar la leche de coco, el sirope de arce y el extracto de vainilla hasta que parezca nata montada. Reservar en el frigorífico.

Mezclar los restantes ingredientes menos la canela.

Trasladar a un cuenco pequeño.

Servir la mousse de chocolate cubierta con la nata montada de coco y la canela.

DISFRUTA

CONCLUSIÓN

Mis deseos finales para ti

Un aspecto de mi vida por el que estoy muy agradecida es el de los viajes que hago, los lugares que visito y la gente a la que conozco. Cuando comparto recetas e intercambio anécdotas con esas gentes, las fronteras se desvanecen y se unen las culturas. Se me recuerda continuamente que somos más parecidos que diferentes: todos deseamos sentirnos fantásticamente bien e irradiar de dentro hacia fuera. Estas recetas son un homenaje a nuestra

singularidad y refuerzan nuestro deseo común de compartir, conectar y disfrutar.

Compartir una comida es un acto de amabilidad que empieza en el corazón y termina en el alma. Consigo ser muy feliz preparando mis comidas favoritas para los demás. Cuando damos a los demás, obtenemos aún más beneficios que aquellos que reciben nuestros regalos. Claro está que intentamos agradar a la gente que alimentamos, pero son los cocineros los que se quedan con el corazón ensanchado y lleno.

Te animo a que amplíes tus límites, a que intentes cosas nuevas, a que compartas con gente diferente y a que te sorprendas con lo que pase después. Nuestro miedo a ampliarnos es frecuentemente lo que nos retiene ante una experiencia desconocida, pero posiblemente asombrosa. Cocinar es una forma muy fácil de dirigirse a lo desconocido. Sobre todo cuando tienes una pequeña guía. Las recetas de este libro, frescas, sencillas y saludables, te inspirarán a que inventes algo apetitoso que te deje con una sensación fantástica.

Inhala amplia y profundamente para crear espacio dentro de tu cuerpo y de tu mente, y exhala para relajarte y gozar con tus creaciones. Mi deseo es que tengas incontables momentos de magia, con el espíritu de trastear por la cocina, en un hogar tremendamente feliz y abarrotado de la gente que quieres.

DISFRUTA

XO
TARA

«Besos y Abrazos»

Índice temático

P

R

Agradecimientos

Le debo un agradecimiento enorme a los muchos chefs de todo el mundo que me han alimentado y que han respondido tan espléndidamente a mi entusiasmo por cocinar. A mamá, las abuelas G y R, la tía Sharon, Rindy, Mary, Shelah y Tony, todos de casa, por dejarme poner las zarpas sobre la encimera y ayudar en algunas tareas.

A Erna, la amiga del otro lado del mundo que se ha convertido en una hermana, porque hacer nuestras propias normas, de Malasia a Bali y Nueva York y más allá, es la única manera en que funcionamos. A Leong Moon Weng, Amanda y Lucas, gracias por llevarme por los callejones de Malasia para probar el auténtico Chee cheong fun y otras delicias que no podría haberme imaginado nunca. A Henry Quek y su equipo, gracias por haber encontrado miso en Yakarta, ya que sabéis que es mi comida casera. A Shiho Ishige, gracias por nuestras aventuras en Harajuku, por los granizados, los fideos picantes, los manantiales y la amistad para toda la vida. A Lego y Chief, por nuestras salidas a cenar adecuadamente en Tokio. A

Sandrine, por su impecable comida japonesa en París, su magnífico café y su agradecimiento por una presentación perfectamente despreocupada.

A Arnaud Champenois, Emily Shattan y Sarah Doyle, por la defensa de mis recetas y, por supuesto, por el delicioso regalo de servirlas en los hoteles W de todo el mundo. Al chef Fernando Coppola, gracias por las risas desde Vieques hasta Chicago, por el mofongo y por la inspiración. A Javier Meléndez, gracias por colaborar amablemente y por las incorporaciones Asia-Puerto Rico. A todos los participantes de las actividades, clases y conferencias por todo el mundo que me trajeron comidas, muchas gracias. Disfruto con cada bocado de ellas y agradezco que me alimenten con amor.

A Patty Gift, gracias por permitirme escribir este libro. A Reid Tracy, gracias por tus consejos y tu apoyo. A Laura Gray, gracias por tu paciencia, tu trabajo, tus explosiones de risa y tu capacidad de elevar las ideas. A Sally Mason, gracias por tu apoyo y colaboración. A Charles McStravik, por los diseños divertidos y magníficos. Estoy muy agradecida por este libro, así como por *La no-dieta: sigue tus propias reglas*, que tienen tan buen aspecto gracias a ti. A Richelle Zizian, gracias por divulgar las noticias y por tu apoyo en tantísimos niveles. A Erin Duprée, gracias por tus cuidados y tu participación.

A Andrew Scrivani, ahora te han encasquetado a mí. Con tu talento, un ojo cordial y una cocina alegre se hacen grandes cosas, gracias. A Brian Davis, gracias por el apoyo constante. Gracias a la comunidad global Strala por divulgar la misión de dar fuerzas a los demás para que creen sus propias reglas y disfruten del brillo de dentro hacia fuera. Vosotros sois los guerreros del bienestar con los que prospera este mundo.

Sobre la autora

Tara Stiles es la fundadora y propietaria de Strala, el sistema de movimientos que enciende la libertad. Miles de guías dan clases de Strala por todo el mundo en estudios asociados, gimnasios y clubes. Tara está asociada con Sports Club/LA y CM G, lo que hace que las clases de Strala sean el primer programa catalogado de yoga en estar disponible en las principales cadenas de gimnasios.

También está asociada con los hoteles W para dar a conocer «En forma con Tara Stiles», un programa global que imparte clases de Strala Yoga y recetas de cocina saludables en las instalaciones de W en todo el mundo. Colabora con Reebok trabajando de cerca con el equipo de diseño en su colección estilo de vida Reebok Yoga. Ha escrito varios libros superventas, como *El yoga sexy: esbelto y calmado*, *El yoga cura* y, más recientemente, *La no-dieta: sigue tus propias reglas*, que se han traducido y publicado en varios idiomas. Se la ha reseñado en el *New York Times*, el *Times of India* y *The Times* (Reino Unido), y se la ha presentado en la mayoría de las revistas nacionales e internacionales. Tara es una conferenciante muy buscada, especialmente sobre temas de creación de empresas y de salud y bienestar. Ha dado conferencias abarrotadas de público y charlas internas por todo el mundo, como la Conferencia de las Mujeres más Poderosas de la revista *Fortune*, y actividades con Epsilon, Happinez y Hay House.

Apoya la Alianza para una Generación más Sana, la iniciativa del expresidente Clinton para combatir la obesidad infantil que lleva clases de Strala a los más de veinte mil colegios que participan. El estudio principal de Strala está en el centro de Nueva York.

Puedes visitar su página web: www.tarastiles.com.

Índice

AMOR Y PAZ